MINITEICHE UND WASSERSPIELE

blv garten
plus

Siegfried Stein

MINITEICHE UND WASSERSPIELE

Material und Technik
Gestalten • Bepflanzen • Pflegen

blv

Inhalt

Tolle Pflanzideen für Miniteiche   59

Genuss ohne Reue – Probleme vermeiden   87

Bezugsquellen und Adressen   92

Ein Stück Natur gleich nebenan

Wer keinen Garten hat, muss auf den Zauber von Wasserspielen und schönen Wasserpflanzen keineswegs verzichten. Wasser in Bewegung sorgt unentwegt für eine angenehme, leise Geräuschkulisse und lenkt vom Alltagslärm ab.

Eine formschöne Schale und etwas Wassersalat genügen, um diesen attraktiven Hingucker abzugeben.

Dabei kommt es auf die Größe gar nicht an. Ob Mühlsteinbrunnen, Springbrunnen, Schaumsprudler, Wasserglocken, Quellsteine oder formschöne Keramikgefäße, Vogeltränken oder Wasserspiele aus Metall – sie brauchen alle nicht viel Platz und sind in kurzer Zeit installiert. Denn die meisten Anlagen gibt es mit elektrischer Pumpe, Auffanggefäß und Verbindungsleitung komplett zu kaufen. Und Kunststoffbecken haben den Vorteil, dass man sich über die richtige Konstruktion keine Gedanken machen muss. Wer jedoch gerne selber gestaltet, findet mit Teichbaufolie auf günstige Weise optimale Lösungen. Erstaunlich viele Wasserpflanzen kommen mit ganz wenig Platz zurecht. Sie fühlen sich wohl in Schalen, Töpfen, in form

schönen Gefäßen und in neuen Balkonkästen, bei denen das Abzugsloch noch nicht geöffnet ist. Wasser bringt rund ums Jahr Spaß und Freude. Die feuchtgrüne Idylle bietet Anlass zu vielen Naturerlebnissen und braucht obendrein kaum Pflege. Wurden bei der Anlage keine Fehler gemacht, stellt sich bald ein biologisches Gleichgewicht ein, das günstig ist für alle Lebewesen im Teich.

Miniteiche in Gefäßen

Als Gefäße für den Minigarten können alte und neue Behältnisse dienen, die es in großer Auswahl in Gartencentern und Baumärkten, originale Stücke auch im entsprechenden Kunsthandel gibt.

Holzfässer

Mit dem Bepflanzen alter oder halbierter Whiskyfässer begann

das Gärtnern im Miniteich. Noch heute sind es originelle und viel verwendete Gefäße mit rustikalem Aussehen. Auch Gurkenfässer, Waschzuber und Heringsfässer werden für diesen Zweck angeboten. Weil sie meist nicht mehr vollständig dicht sind und eventuell auch Schadstoffe abgeben, sollten solche Gefäße immer mit Teichfolie ausgekleidet werden. Das gilt auch für Terrassenteiche und Pflanzkästen aus Holz, die dann gut brauchbar sind und sich in bestehende Systeme auf Terrassen oder Dachgärten einpassen.

◀ Halbierte Fässer in diversen Höhen und Durchmessern gibt es in Gartencentern und in vielen Staudengärtnereien. Sumpf- und Wasserpflanzen gedeihen darin prächtig.

Der Wasserspucker verträgt sich mit Wasserhyazinthen und Wassersalat. Seerosen würden jedoch unter der Berieselung leiden. Rechts: Hübsch gruppierte Schalen und Keramiktöpfe.

Auf ländlichen Märkten gibt es noch Wannen aus Zink zu kaufen. Die dauerhaften Gefäße ergeben einen originellen Miniteich für den Vorgarten oder für die Terrasse. Zahlreiche Wasserpflanzen finden hier ein sonniges Plätzchen.

Zinkwannen und Eimer

Gefäße aus Zink sind preisgünstig, leicht und gelten als schick. Das trifft für Regenrinnen als Mini-Pflanzgefäße genau so wie für Eimer und Kannen in allen Größen zu. Allerdings sind sie oft mit der heißen Nadel gestrickt und leiden beim Transport. Prüfen Sie daher vor dem Bepflanzen, ob sie wirklich kein Wasser abgeben und dichten Sie gegebenenfalls mit Silikon ab. Viehtränken aus Zink sind in der Landwirtschaft gebräuchlich und dort günstig zu erstehen. Auch ausgediente Badewannen finden als originelle Behälter noch eine interessante Verwendung, in denen sich schon ein größerer Miniteich anlegen lässt.

Keramik

Gefäße und Schalen aus Ton und Steingut sind sehr beliebt.

Sie sind absolut wasserdicht, aber nicht frostbeständig, denn Ton nimmt Feuchtigkeit auf. Damit sie nicht zerspringen, müssen die Gefäße über Winter entleert und frostfrei gelagert werden. Soll daraus ein Miniteich entstehen, sollten sie mindestens auf einer Seite glasiert sein, sonst dringt Wasser durch den porösen Ton. Typisch für Gefäße im asiatischen Stil (Thaikeramik) sind gedeckte, bräunlich-grüne Farben. Wer tropische Wasserpflanzen kultivieren will, findet damit das passende Ambiente. Längst ist die Erzeugung preisgünstiger Keramik nach Thailand, Vietnam und China abgewandert.
Leider bilden sich auf ungeschützten Tonflächen bald hässliche Kalkausblühungen, auf denen sich anschließend Algen ansiedeln. In England wird dies begrüßt, weil man die Patina schätzt. Wer eher saubere

Gefäße bevorzugt, kann die Verkrustungen durch Versenken der Gefäße für 1–2 Wochen im weichen Wasser des Gartenteichs lösen. Danach genügt leichtes Schrubben, und die Gefäße sehen wieder aus wie neu.

Kunststoffgefäße

Gefäße aus Kunststoff kann man zum Teil äußerlich kaum noch von Terrakotta unterscheiden. Weil sie keine Überwinterungsprobleme kennen und wesentlich leichter und bruchsicher sind, ist ihre Verwendung nicht

Maurerkübel aus Kunststoff und andere Gefäße erhalten durch das Einhüllen in Strohmatten ein rustikales Aussehen.

nur eine Geschmacksfrage, sondern es ergeben sich handfeste praktische Vorteile, die den oft höheren Preis rechtfertigen.

Amphoren

Ein beliebtes Stilmittel in Wassergärten sind Amphoren. Allerdings sind die aus Griechenland, Spanien oder Kleinasien importierten gebrauchten Öl- oder Weinfässer empfindlich gegen winterliche Nässe und Kälte. Sie müssen entleert und frostfrei gelagert werden. Im Handel gibt es neu hergestellte Ware aus Ton oder Steinzeug, die glasiert ist, damit wasserdicht und den Winter über entleert im Freien verbringen kann. Damit sie an eine Zuleitung (Spiralschlauch) angeschlosen werden kann, ist im Boden der irdenen Amphore ein größeres Loch vonnöten. Ein dicker Bohrer würde aber das Gefäß zum Platzen bringen, setzen Sie deshalb zunächst mit feineren Bohrern mehrere Löcher nebeneinander und stoßen Sie dann den Rest durch. Nach dem Einführen des Schlauches wird mit Silikon abgedichtet.
Im Gartenfachhandel gibt es auch Amphoren aus Kunststoff mit fertigen Anschlüssen für die Zuleitungen.

Diese Amphore beherbergt in ihrem Inneren einen kleinen Wassergarten. Modelle aus Kunststoff haben bereits fertige Wasseranschlüsse.

Steintröge

Natursteintröge sind besonders schön und oft Unikate, die man gelegentlich noch auf Bauernhöfen finden kann. Früher wurde darin das Vieh getränkt, heute zieren diese Sammlerstücke so manchen Garten. Weil sie aus einem Steinblock gehauen werden, sind auch die neu hergestellten teuer und schwer zu transportieren. Man kann die größeren von ihnen in

Die originelle Form verlockt dazu, Amphoren als kleine Wasserspiele oder »Quellen« für Bachläufe zu verwenden.

der Regel nur auf Rollen an ihren endgültigen Gartenplatz bewegen. Meist sind sie so stabil, dass ihnen sogar der winterliche Eisdruck nicht schaden kann.

Betontröge selber bauen

Tröge für Wasserpflanzen aus gedichtetem Beton gibt es im Fachhandel zu kaufen. Allerdings sind sie meist viel zu schwer und lassen sich nur schlecht bewegen. Gefällt Ihnen der praktische Pflanzentrog? Er besteht aus Beton, dem Torf bei-

Oben: Selbst gebauter Trog aus Beton. Unten: Der hässliche Betonring wandelt sich zum schmucken Zierbrunnen.

Sehr gut lassen sich Pflanztröge aus Beton oder Eternit in blühende Sumpflandschaften verwandeln.

gemischt wurde. Das macht ihn leichter, poriger und verleiht ihm eine erdige Färbung. Zum Selberbauen braucht man nicht viel:

- einen ebenen Boden und eine Folie, die man darauf ausbreitet,
- eine Form (z.B. eine Fisch- oder Transportkiste mit passenden Abmessungen aus Styropor) oder eine etwa 25 cm tiefe Holzkiste. Man kann sich den Rahmen auch aus 4 an den Ecken verschraubten Holzbrettern bauen. Wichtig: Bei Kisten den Boden entfernen und den Rahmen auf die glatte Folie stellen.

- Nun stellen Sie eine Mischung aus 10 Litern Torf (= 1 Eimer), 10 Litern Zement und 15 Litern Bausand her. Mit Wasser breiig anfeuchten und ein Dichtungsmittel (im Baustoffhandel erhältlich) zugeben.
- Füllen Sie den künftigen Boden ein, etwa 5–6 cm hoch.
- Auf diesen Boden stellen Sie eine um 5–6 cm kleinere Form, woraus anschließend eine Ausbuchtung für Erde und Pflanzen entsteht. Die Form ergibt sich aus mehreren etwa 20 cm langen Ziegelsteinen: Zuerst eine Folie ausbreiten, die Ziegelsteine hochkant nebeneinander stellen und die Folie hochschlagen.
- Dann ringsum die restliche Mischung Beton einfüllen, mit einem Hammer oder Stampfer verdichten und glatt streichen.
- Nach 1–2 Tagen ist der Beton stabil, aber noch nicht ganz ausgehärtet. Jetzt ist die richtige Zeit, vorsichtig den Rahmen zu entfernen und mit einer Drahtbürste alle Ecken, Kanten und Flächen in gefälliger Weise aufzurauen.
- 3–4 Tage später können Sie den vollständig ausgehärteten Trog aufnehmen, die Kalkreste mit essigsaurer Lösung auswaschen und dann mit dem Bepflanzen beginnen.

Betonringe

Die etwas grob wirkenden Betonringe kann man in mehreren Größen und Höhen im Baustoffhandel zu geringen Kosten erwerben. Sie lassen sich aufeinander stapeln, so dass man damit schnell größere Tiefen erreichen kann. Wegen ihres Gewichtes bewegt man sie am besten per Bagger. Betonringe sind mit ihren senkrechten Wänden besonders stark dem Frost ausgesetzt und reißen häufig. Reparaturen sind meist wenig Erfolg versprechend, deshalb beugt man besser vor und kleidet alles mit Folie aus. Das erspart auch das Abdichten nach unten. Findet keine Folie Verwendung, müssen Sie den Teichgrund mit einer etwa 15 cm dicken Betonschicht versehen, die durch Zugabe von Dichtungsmitteln oder durch zweimaliges Ausstreichen mit einer Dichtungsschlämme wasserdicht wird.

Bei allen Arbeiten mit Beton werden die Oberflächen zum Schluss mit einer essigsauren Lösung gereinigt, um Kalkreste zu neutralisieren und zu entfernen. Gilt es, Frostrisse abzudichten, kann man Schnellzement verwenden oder das weniger lange haltbare Silikon.

Aus Natursteinen gemauert ist dieser formschöne Eckteich mit Wasserfall. Dichtungsmittel machen Boden und Wände wasserundurchlässig.

Steinlandschaften aus »Felsdekor«

Kleine und größere Felslandschaften sehen dramatisch aus, besonders dann, wenn man sie am Abend beleuchtet. Würden Sie hierfür echtes Gestein verwenden, wäre manche Terrasse und fast jeder Dachgarten mit der Last überfordert. Zum Glück gibt es mit »Felsdekor« eine nahezu federleichte Alternative in vielen Ausführungen und mit integrierten Anschlüssen für die Technik. Tragendes Element ist jeweils eine Kunststoffhaut, der natürliche Steine als Vorlage dienten. Am Schluss der Fertigung wird die Unterlage mit Steinmehl so perfekt eingestäubt, dass eine Unterscheidung zum Original kaum möglich ist.

Selbst auf Dachterrassen sind Steintröge kein Problem, vorausgesetzt sie bestehen aus federleichtem Felsdekor.

Gefällige, abgerundete Formen gewährleisten, dass sich der Fertigteich später gut in die Pflanzung einfügt.

Vorgeprägte Zonen für den Uferrand sowie unterschiedlich tiefe Pflanzebenen erleichtern das Gestalten.

Selbst feinste Unebenheiten und Risse werden auf diese Weise übertragen. Interessant für Terrassen, Dachgärten und Balkone sind auch Kombinationen mit Wasserspielen sowie Fels-Elemente, in deren Innerem sich auf elegante Weise Steckdosen und Kabel verbergen lassen.

Empfehlenswert sind Böschungstaschen aus Jute, um Ränder zu überdecken und an steilen Stellen Pflanzen anzusiedeln. Sie sind ähnlich wie Säcke genäht und werden am Ufer verankert. Mit torfhaltiger Erde von grober Struktur gefüllt und anschließend bepflanzt, verschönern sie sogar nachträglich bereits existierende Ränder von Fertig- und Folienteichen.

Kleine Fertigteiche

Wer wenig Platz zur Verfügung hat, auf funktionierende, altbewährte Lösungen Wert legt und in kurzer Zeit eine schöne Mini-Teichlandschaft erstellen möchte, ist mit einem Fertigteich gut bedient. Auch in schwierigem, z. B. felsigem Gelände hilft die fertige Lösung aus dem Gartencenter oder Baumarkt weiter. Sogar auf einer Terrasse oder im Dachgarten lässt sich mit Fertigteichen eine Wasserlandschaft gestalten. Es gehört nur etwas Fantasie und eine geschmackvolle Verkleidung dieses ungewöhnlichen »Hochbeetes« dazu. Fertigteiche gibt es im wesentlichen aus zwei Materialien: Polyethylen (PE) und Glasfaserverstärkter Kunststoff (GFK) ergeben

im Tiefziehverfahren stabile, leichte und gut zu transportierende Teiche, die ganz besonders für kleinere Anlagen geeignet sind. Bei der Form hat man die Auswahl zwischen rechteckig, rund und nierenförmig. Auch eingearbeitete Pflanzbuchten und Modelle mit verschiedenen Tiefen sind im Angebot.

Die meisten Fertigteiche verfügen über unterschiedlich tiefe **Pflanzebenen** für Wasserpflanzen aus allen Wachstumsbereichen, oft auch über den sogenannten **Sumpfrand**, eine 15– 20 cm tiefe muldenförmige Zone für Pflanzen aus dem Uferbereich. Zieht man einmal um, wird der Fertigteich einfach mitgenommen. Er lässt sich bequem entleeren, herausnehmen und wieder einsetzen oder, solange die Kinder klein sind, zunächst als Sandkiste nutzen. **Pflanzvorschläge** werden meistens gleich mitgeliefert. Die Ränder sollten möglichst nicht glatt sein, sondern gewelltes Profil besitzen, so dass sich Schwebstoffe ablagern und versehentlich ins Wasser gefallene Tiere leicht wieder befreien können. Geschickt angeordnete Steine und Pflanzen mit überhängendem Wuchs verbergen unschöne Teichränder.

Vom richtigen Einbau

Markieren Sie zunächst die Umrisse des Teiches mit Pflöcken und heben Sie die Teichgrube aus. Wichtig ist das Nachmessen mit dem Zollstock und vielleicht auch ein Einpassen zur Probe, damit später auch alles in der Waagerechten liegt. Auf felsigem und schwierigem Gelände erhält die Teichsohle eine 10 cm starke Sandschicht zum Schutz gegen Verletzungen.

Zwischen Teichrand und gewachsenem Boden verhindert gestopfter und eingeschlämmter Sand ein Abrutschen der Teichschale zur Seite. Erst danach wird in Körbe oder vorgefertigte Mulden gepflanzt und das restliche Wasser aufgefüllt.

Beim Einpassen ist genaues Arbeiten mit der Wasserwaage notwendig, denn ein schief eingebauter Fertigteich ist und bleibt ein Ärgernis. Füllen Sie deshalb zunächst nur ein Viertel der nötigen Wassermenge ein, um bei Bedarf noch nachrichten zu können.

Von den Teichrändern ist nur noch wenig zu erkennen. Sie werden bald überwachsen sein, das hübsche Pfennigkraut ist dafür besonders gut geeignet.

Folienteiche

Die weitaus meisten Teiche werden mit Gartenteichfolie gestaltet. Der eigenen Kreativität sind dabei keine Grenzen gesetzt: Ob Fischteich, Sumpflandschaft oder Miniteich – mit Folie ist alles möglich. Doch Folie ist nicht gleich Folie. Meiden Sie helle Folien, denn sie bieten weit bessere Lebensbedingungen für Algenwuchs als das übliche Schwarz oder Oliv. Dunkle Farben vermitteln dem Betrachter den Eindruck der Tiefe, helle

Teichrand
Sand
Teichfolie
Pflanzkorb

Kleine Folienteiche mit abgestuften Modellierungen bieten vielfältigsten Pflanzengesellschaften Lebensraum und sind auch bei wenig Platz gut zu realisieren.

und beginnen Sie dann mit dem Ausschachten der Teichmulde, wobei neben dem wertvollen Oberboden aus den belebten oberen 30 cm auch Erdmassen aus dem Untergrund frei werden. Fahren Sie diesen Boden nicht zur Deponie, denn er eignet sich hervorragend dazu, Bewegung in die umgebende Gartenlandschaft zu bringen, was nicht nur das entstehende Biotop schützt sondern auch eine abwechselungsreiche Gestaltung ermöglicht. Nährstoffarmer, unbeleb-

passen sich der Umgebung an. Nicht gerade preisgünstig, dafür aber besonders umweltfreundlich und ohne schädliche Rückstände zu verbrennen ist die synthetisch hergestellte Kautschuk-Folie (EPDM). Sie ist besonders elastisch und belastbar und kann sogar noch bei Frost verlegt werden.
Die meisten Teichfolien bestehen jedoch aus Polyvinyl-Chlorid (PVC), einem stabilen, anschmiegsamen Material, das sich auch unter Lichteinwirkung

kaum verändert. Bei Umweltschützern ist PVC wegen möglicher Rückstände bei der späteren Entsorgung nicht gut angeschrieben. Untersuchungen zeigen jedoch, dass PVC-Folien keine umweltschädigende Wirkung auf den Untergrund oder den Artenreichtum des Biotops haben. Eine Alternative bilden Polyethylen-Folien (PE). Diese Materialien gibt es inzwischen auch mit besserer Lichtverträglichkeit und ausreichender Elastizität.

Damit die Folie nicht zu sehen ist, werden am Rand dieses kleinen Teiches Kantensteine vorgemauert.

Wühlmäuse können zu einer ernsten Gefahr werden, wenn sie sich durch die Folie fressen. Vorbeugend schützt ein unter die Folie gelegter kunststoffummantelter Maschendraht.

Bau eines Folienteiches

Für kleine Teiche mit Sanduntergrund oder Vlies gegen spitze Steine ist eine Folienstärke von 0,5 mm völlig ausreichend. Markieren Sie auch für einen kleinen Teich die Umrissform

ter Boden aus tiefen Schichten eignet sich zudem gut als Teichgrund für Wasserpflanzen. Es versteht sich von selbst, dass der Teichboden vor dem Auslegen der Folie völlig frei von spitzen Steinen, Wurzeln und Scherben sein muss, die bei hohem Wasserdruck die Folie beschädigen können. Um sicherzugehen, wird die Teichsohle mit einer gleichmäßigen, etwa 10 cm starken Schicht Sand oder feinem Kies abgedeckt. Auch der später eingefüllte Teichgrund vermindert die vorgesehene Wassertiefe, so dass 20 cm Zugabe nach allen Richtungen nicht zuviel sind.

Besonderheiten bei Folienteichen

Das Teichprofil soll zwar sanft modelliert sein, aber terrassenförmig abfallen. Damit entstehen Pflanzzonen in 10–20 cm, 40 cm und größerer Tiefe, auf denen später Körbe mit Wasserpflanzen Platz finden. Auf schrägen, glatten Flächen geraten Körbe und Erde ins Trudeln. Steilwände von mehr als 45 Grad sind ungünstig, weil die Folie hier ständig unter Spannung steht, was die Haltbarkeit beeinträchtigt. Weil sich die Erde in der Regel noch etwas setzt oder durch Be-

Paradies auf kleinstem Raum: Sichtschutz bietet eine Pergola, die der kleinen Wasserlandschaft ihr intimes Raumgefühl verleiht. Neben dem Sitzplatz ist noch Platz für Bachlauf, Wasserfall und Teich.

treten verdichtet, ist das Garantieren einer gleichmäßigen Höhe an den Rändern wichtig. Umlaufende Kantensteine, oben abgerundet, über die man später die Folie zieht, haben sich hier besonders gut bewährt. An ihnen

lässt sich auch die richtige Höhe einnivellieren.
Für kleine Teiche reichen eine lange, gerade Latte oder eine sehr straff gespannte Schnur, eine Metallschiene und eine Wasserwaage aus, um einen

gleichmäßig hohen Teichrand zu erhalten. Pflöcke mit darauf genagelten Brettern zur Höhenmarkierung helfen zusätzlich, Fehler zu vermeiden.

Für das Ausbreiten der Folie holen Sie sich am besten Hilfskräfte, was sich auch bei der Anlage kleinster Teiche bewährt. Falten werden – so gut es geht – geglättet, lassen sich aber nie völlig vermeiden. Nun befestigen Sie die Folie provisorisch mit Steinen an den Rändern und bringen dann nährstoffarme, möglichst sandig-lehmige Erde ohne jeden Dünger oder Kompost als Teichgrund aus, um darin Wasserpflanzen einzusetzen. Wollen Sie Ihre Pflanzen nicht direkt einpflanzen, kann für den Teichgrund auch grober Kies ausgelegt werden, denn durch den Abbau organischer Substanz aus Pflanzen oder Tieren sammeln sich immer Schwebstoffe an. In diesem Fall werden alle Pflanzen in Gitterkörben untergebracht.

Aufgeschichtete Natursteinplatten verbergen den Wasserzulauf (Schlauch oder Wasserrohr) und verleihen der kleinen Bachlandschaft ein sehr natürliches Aussehen.

Sehr gut sieht es aus, wenn der Teichboden, besonders um die Pflanzstellen herum, mit rundem weißem Kies abgedeckt wird. Der Kies verhindert gleichzeitig das Aufschwimmen von Pflanzen und Erde.

Vorsichtig wird nun Leitungswasser eingefüllt. Damit Sie eventuelle Falten und Unebenheiten noch ausgleichen können, sollten Sie den Teich zunächst nur zu etwa einem Viertel füllen. Der Wasserdruck sorgt dafür, dass sich die Folie allen Unebenheiten anpasst und sich an die Teichform anschmiegt.

Bei nur teilweiser Füllung wird nun auch gepflanzt, wobei sich die Erde noch etwas setzt. Jetzt bewähren sich ausgesparte Mulden und Terrassen.

Hochteiche

Auge in Auge mit Seerosen, Seekanne und Wasserähre und auf gleicher Höhe mit der Wasseroberfläche zu sein, hat einen besonderen Reiz, den man meist nur im Schwimmteich genießen kann. Außer, man besitzt einen Hochteich. Dann kann man sogar bequem beim Sitzen beobachten, was die Fische und anderes Wassergetier treiben. So wie ein Hochbeet voller Gemüse ohne Bücken bearbeitet werden kann, lässt sich das Innere einer solchen Konstruktion auch mit Teichfolie auskleiden und als Teich gestalten.

Damit Ihr Hochteich durch den enormen Wasserdruck nicht auseinander bricht, werden die Bohlen an den vier Ecken entweder mit langen Schrauben durchbohrt und verschraubt oder jeweils mit Holzdübeln ineinandergepasst.

Günstig ist es, für die oberste Bohle Abmessungen zu wählen (z.B. 30 x 6 cm), die es erlauben, bequem auf dem Rand des Hochteiches zu sitzen und Fauna und Flora zu beobachten.

Liegt Ihr Garten an einem Hang, bietet es sich an, den Teich ebenerdig an die Terrasse anzubinden und das Gefälle mit Hilfe der Holz- oder Steinkonstruktion

abzufangen. Bringt man darin einen stabilen Fertigteich unter, kann die Verblendung schwächer ausfallen als bei einer Folienkonstruktion. Diese Kombination aus Fertigteich und Holzverkleidung eignet sich auch hervorragend für Terrassen mit Stein- oder Betonböden, die sehr gute Standfestigkeit gewährleisten. Stützen Sie jedoch Ihren Teich mit Hilfe von Holzklötzchen und Sand im Inneren des Hochbeetes ab, damit besonders dann, wenn Sie einen Teich mit mehre-

ren Ebenen wählen, nichts verrutschen kann.

Mit Hilfe kleiner Gehölze, Stauden und Sommerblumen ringsum entsteht dann im Nu ein Minigarten mit Miniteich.

> Hochteiche kann man fertig im Versand beziehen aber auch kastenförmig aus stabilen Holzbohlen (10x10 cm oder 8x12 cm) selber bauen oder mauern.

Diese sonnige Terrasse ist wie geschaffen für ein Wasserpflanzenidyll. Im selbst gebauten Hochteich haben sich Seerosen und Iris üppig entwickelt.

Ein ungewöhnliches Wasserspiel, das sich auch ohne Teich an jeder passenden Stelle verwirklichen lässt.

Die Teichtechnik

Elektrischer Strom und Wasser – eine gefährliche Kombination

Pumpen, Wasserspiele, Lichtilluminationen – sie alle benötigen in der Regel elektrischen Strom, um zu funktionieren. Es gibt verschiedene Möglichkeiten, Strom einzusetzen;

Wählen Sie jeweils das nächstgrößere Pumpenmodell, dann sind noch Reserven für weitere Düsen, Filter oder mögliche Erweiterungen vorhanden.

- Außensteckdosen vereinfachen vieles, vor allem in weitläufigen Gärten. Sie sind jedoch auf Dauer anfällig gegen Kriechströme (z.B. bei hoher Luftfeuchtigkeit) und Störungen. Versuchen Sie deshalb, sich auf Außenanschlüsse am Haus zu beschränken.
- Für viele Geräte, Pumpen und für die Teichbeleuchtung kommt man mit ungefährlicher Niedervoltspanung (12 V, 24 V) zurecht. Trafos reduzieren die Netzspannung schon an der Steckdose.
- Auch Solarstrom arbeitet im ungefährlichen Bereich.
- Ist eine höhere Leistung (220/240 V) erforderlich, schalten Sie unbedingt einen Fachmann ein, der sowohl spritzwassergeschützte Außensteckdosen sicher verlegen als auch für die direkten Stromanschlüsse mit Schutzschalter verantwortlich zeichnen darf.
- Strom in Verbindung mit Wasser ist gefährlich. Deshalb ist unbedingt die Absicherung mit einem sensiblen FI-Schalter erforderlich (kann man auch zwischen Steckdose und Gerät stecken). Er schaltet die Anlage schon bei geringster Fehlerstrommeldung in kürzester Frist ab und verhindert weitere Schäden.

Pumpen und Wasserspiele

Kernstück eines jeden Wasserspiels ist eine laufruhige und leistungsstarke Pumpe, die das Wasser in Umlauf bringt. Ob eine Fontäne sprüht, ein kräftiger Schaumsprudler plätschert oder sanft eine Quelle rinnt, hängt von dem jeweiligen Düsenaufsatz ab. Wasserdurchlauf und Spritzhöhe lassen sich auf einfache Weise stufenlos regulieren.

Für freie Wasserflächen, formale Becken und größere Teiche sind Springbrunnen ideal. Die Düsen zaubern fein verteilte Kaskaden, Kelchformen oder eine eindrucksvolle Wassershow herbei. Bis zum Wasserballett ist fast alles möglich.

Die Technik – Kabel und Pumpe – findet in einem Kübel Platz, in dem sich auch der Wasservorrat befindet.

Schlammpumpen sind leistungsfähig, verbrauchen aber viel Strom. Der Schwimmer schaltet bei Wassermangel ab.

Mühlsteinbrunnen bestehen nicht aus schwerem Stein sondern aus leichtem, echt aussehendem besandetem Kunststoff. Sie sind pflegeleicht und gefahrlos für Kinder, denn das Wasser befindet sich in einem versenkten Bottich mit Abdeckplatte. Eine Teichpumpe mit Sprudler-Aufsatz bringt das Wasser in Umlauf.

Fachlichen Rat einholen

Wasserspiele für kleine Teiche und Bottiche sind nicht teuer und technisch mit einfachen Mitteln zu lösen. Wichtig ist eine robuste und leistungsfähige Pumpe, die entweder im Teich oder am Teichrand problemlos läuft und kaum Wartung braucht. Je nach Teichgröße und Nutzungsart wird die benötigte Leistung anders aussehen. Lassen Sie sich deshalb am besten von einem Fachmann beraten, der

anhand der für jede Pumpe erstellten Kennlinie entsprechend der benötigten Förderhöhe und Transportstrecke schnell ermitteln kann, wie stark die Pumpe beschaffen sein sollte. Grundsätzlich werden unterschieden:

• Magnetkernpumpen (Synchronmotorpumpen) mit einer Leistung von 6–24 L/min, ausreichend für kleinere Wasserspiele. Die einfachen Geräte bestehen aus einem kunststoffvergossenen, wasserdichten Gehäuse, das eine Ankerwicklung umschließt, die an einem wasserfördernden Quirl befestigt ist.

• Kreiselpumpen sind das Übliche für höhere Anforderungen mit einer Förderleistung bis etwa 20 m^3/Stunde. Sie besitzen einen wasserdichten Elektromotor, der eine Scheibe mit wasserfördernden Schaufeln antreibt.

• Solarpumpen sind eine gute Lösung für Miniteiche, die sonnig stehen. Bedenken Sie allerdings, dass sie bei bewölktem Himmel still stehen.

• Schlammpumpen braucht man zum Entleeren größerer Teiche. Sie sind leistungsfähig (5000–10000 Liter/Stunde) und robust, aber nicht für den Dauerbetrieb gedacht und verbrauchen viel Strom. Mit ihnen

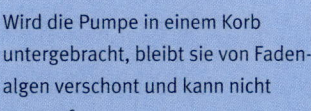

Wird die Pumpe in einem Korb untergebracht, bleibt sie von Fadenalgen verschont und kann nicht verstopfen.

lassen sich kurzfristig Bachläufe und Wasserfälle betreiben. Achten Sie auf großen Durchlass und auf möglichst unkomplizierte Ansaugbedingungen, damit sich nichts verstopft (z.B. durch Kies, Eicheln, Fadenalgen).

Die häufigste Unterbringung ist die direkt im Teich. Technisch aufwändiger ist der Betrieb vom Uferrand aus, wobei das Wasser über einen Spiralschlauch angesogen und weitergefördert wird.

Der große Stein aus Felsdekor besteht aus leichtem Kunststoff. Mit ihm lässt sich die Pumpenkammer am Ufer verbergen.

Unterwasserstrahler, Halogenleuchten, Spots: Sie verzaubern dieses Wasserparadies und tauchen es in märchenhaftes Licht. Aber auch einfache Schwimmkugeln oder Minischeinwerfer sorgen für magische Lichteffekte.

Frühjahr durchbrennt. Auch Pumpen am Teichrand werden von den Zuleitungen getrennt und frostfrei gelagert.

Romantische Teichbeleuchtung

Besonders schön und stimmungsvoll zeigt sich eine Springbrunnenanlage am Abend, wenn **Unterwasserscheinwerfer** ihre Strahlen durch eine farbige Drehscheibe schicken und Haus, Teich und Garten in märchenhafte Illumination tauchen. Besonders gut kann man das Unterwasserleben mit **Strahlern** beobachten, die nach unten zum Teichgrund leuchten. Nach oben ist das Licht abgeblendet. Stimmungsvoll sind **Schwimmleuchten**, die auf dem Wasser treiben und auf der Oberfläche ein weiches, schummriges Licht verbreiten. Bachlauf und Wasserfälle entfalten erst dann ihren vollen Charme, wenn sie bei Dunkelheit ihre Schokoladenseiten präsentieren können. Hierfür gibt es – neben den üblichen Gartenstrahlern – steingroße **Halogen-Ministrahler**, die sich unauffällig zwischen den Pflanzen und Kieseln verstecken lassen. Das Gardena-Lightline-System bietet mit Schaltuhr gesteuerte **Niedervoltleuchten**,

Die Pumpe wird dann in einem Gehäuse (z.B. aus Betonplatten) untergebracht. Achten Sie auf eine geräuscharme Pumpe, damit sich die Nachbarn nicht gestört fühlen. Das Gehäuse lässt sich mit künstlichen Steinen (z.B. aus Felsdekor) so abdecken, dass es sich unauffällig in die Pflanzung fügt.

Wichtig: die Pflege der Pumpe
Nehmen Sie auf jeden Fall über Winter die Pumpe aus dem Teich, damit sie nicht einfriert und platzt. Unterwasserpumpen werden gesäubert und nass in einer Schüssel gelagert, sonst kann es sein, dass die feinen Lager austrocknen, festbacken und die Pumpe im nächsten

die ihre Umgebung in ein weiches, blendfreies Licht hüllen. Verwenden Sie möglichst Systeme, die auf Trafo und ungefährliche Niedervoltspannung ausgelegt sind. Das ist auch bei **Solarleuchten** der Fall.

Algenbekämpfung mit neuen Filtern

Kristallklares Wasser ist eine Freude, doch in vielen Gartenteichen kann davon keine Rede sein. Mal trüben schmutziggrüne Schwebealgen den Blick auf den Grund, mal entzieht ein dichter Teppich aus Fadenalgen Pflanzen das Licht und damit allen Teichbewohnern die Lebensgrundlage. Wie man die Algenplage bekämpft, erfahren Sie auf Seite 90. Häufig geht dann der Sauerstoffvorrat zur

Algen bekämpft der Bio-Balance-Filter mit UV-Licht. Sie verklumpen und bleiben in Filtern hängen.

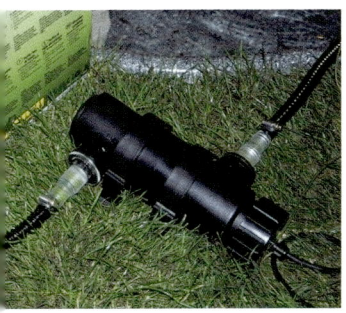

Neige und Fäulnisbakterien gewinnen die Oberhand – das Wasser »kippt um« und wird zur stinkenden Kloake, in der weder Fische noch Larven von Wassertieren überleben können. Miniteiche, die optimal stehen, brauchen selten einen Filter. Häufig sind sie jedoch zu flach und deshalb zu warm, das Wasser ist voller Nährstoffe. Es lohnt sich, bei wertvollen Anlagen gleich einen Feinfilter für die ganze Anlage mit mechanischer und biologischer Klärung anzuschließen. Die beste Klärung bringt eine zusätzliche Lampe, die mit UV-Licht die Schwebealgen abtötet und verklumpt. Über die Filteranlage lassen sich die Reste zuverlässig entfernen.

Verschiedene Methoden der Wasserreinigung

Grundsätzlich unterscheidet man **mechanische Filter**, bei denen die Verunreinigungen in Kies, Sand, Schlacke oder körnigen Kunststoffteilen und reinigenden Filtermatten hängen bleiben. Ist die Wasserqualität ungenügend, bleibt dies auch so. **Biologische Filter** lassen das Wasser nach der mechanischen Vorklärung durch Mineralien (z.B. Zeolith) und angesiedelte nützliche Mikroorganismen (z.B. Bakterienkulturen) laufen, die

Mit Keschern oder Laubrechen (nur aus Kunststoff!) lassen sich Fadenalgen problemlos aus dem Teich entfernen.

Nährstoffe wie Phosphor oder Stickstoff sowie Schadstoffe entziehen und damit die Ursachen von Algenwuchs bekämpfen. Es empfiehlt sich, mechanische Filter mindestens zweimal pro Jahr zu reinigen. Zeolihth kann man immer wieder »entladen« und damit regenieren.

Voraussetzung für eine gesunde Teichbiologie sind ein niedriger Kalkgehalt, wenig Nährstoffe (keine Reste von Fischfutter) im Wasser und eine Bepflanzung mit vielen Sauerstoff liefernden Schwimm- und Unterwasserpflanzen.

gut verträglich für Fische, Teichbewohner und Pflanzen wird so das Wasser ständig gereinigt, bleibt gesund und klar. Kaum Wartung braucht das BioPressure-System von Ubbink, das man im Uferbereich aufstellen oder eingraben und damit unsichtbar versenken kann. Einmal im Jahr genügt es, bei laufendem Betrieb den Filter zu reinigen. Schlamm- und Schmutzwasser kann wie in Koi-Becken bei laufendem Betrieb zwischendurch abgelassen werden. **Wasserdruck** spült die Filter durch und eine **UV-Lampe** sorgt auch hier für klare Verhältnisse.

Sauerstoff wird knapp, wenn sich das Teichwasser in Gefäßen stark erwärmt. Ein Wasserspeier sorgt für die nötige Luftzufuhr und sieht auch noch hübsch aus.

Mit gebündelten Maßnahmen geht eine **neue Generation von Filtern** (z.B. von Heissner, Oase, Tetra, Ubbink u.a.) den Ursachen auf den Grund. In Teichen mit japanischen Koi, als besonders kostbar und anspruchsvoll

Weil viele Filtersysteme nicht besonders gefällig aussehen, werden sie gerne außerhalb des Teiches eingegraben oder bereits von den Herstellern verkleidet. Eine elegante Lösung ist auch das Abdecken mit Felsdekor.

bezüglich Wasserqualität bekannt, hat diese Technik ihre Bewährungsprobe glänzend bestanden. Filter fischen zunächst Trübstoffe auf mechanischem Wege heraus, entfernen mit Zeolith, einem natürlichen Mineral, auf biologische Art überschüssige Nährstoffe und halten mit UV-Licht Algen, Bakterien und Schimmelpilze wirkungsvoll unter Kontrolle. Elektronik ist ebenfalls im Spiel, wenn das mit Filtern kombinierbare Gerät Alg-Control (Ubbink) mittels **Magnetfeld** das Wachstum der aggressiven Fadenalgen unterdrückt. Ohne Chemikalien und

Sauerstoffzufuhr im Miniteich

Ist Ihr Miniteich mit einer Pumpe ausgestattet, die über eine Fontäne, Wasserglocke, Wasserfall o.ä. für Bewegung sorgt, gelangt genügend Sauerstoff ins Wasser, so dass es keiner zusätzlichen Maßnahme bedarf. Nur wenn das Gefäß zu sonnig steht und keine Sauerstoff liefernden Unterwasserpflanzen eingesetzt sind, kann der sich der Einsatz einer Unterwasserpumpe lohnen, die über einen Schwimmer und Schlauch Luft anzieht und mit sprudelnden Bläschen im Wasser verteilt.

Die Wasserqualität

Grundsätzlich sollte das Wasser auch bei Miniteichen so wenig wie möglich gewechselt werden. Ausgenommen sind Wasserkübel und andere sehr kleine Behälter.

Frisches Wasser bringt meist neue Nährstoffe und damit neue Probleme mit sich. Bei Reinigungsarbeiten, die dann und wann doch erforderlich sind, bleibt zumindest ein Drittel des Teichwassers zurück. Im Herbst sammeln sich hier die flüchtenden Teichbewohner, sinken die Überwinterungsformen der Wasserpflanzen zu Boden. Im Frühling beginnt aus diesen Resten die erneute Besiedlung des Gartenteiches.

Regenwasser ist in den seltensten Fällen von guter Qualität und bestenfalls nach dem Durchfließen einer Sumpfzone mit Filterwirkung zum Auffüllen brauchbar.

Wasser aus **Flüssen** und **Bächen** kann Düngerreste enthalten. Es zu entnehmen, bedarf zudem einer behördlichen Genehmigung. Bleibt **Brunnen- und Leitungswasser**, das für den menschlichen Genuss aufbereitet und damit weitgehend sauber ist. Es bekommt den Pflanzen und auch den Fischen. Wenn

Mit Teststäbchen kann man schnell und zuverlässig die wichtigsten Wasserwerte selbst ermitteln.

dem Trinkwasser Chlor beigesetzt wurde, das die Schleimhäute der Fische reizt, sollte es allerdings mehrere Wochen abstehen können, bevor Sie Fische einsetzen. Der Handel bietet Teichpflegemittel an, die das Wasser schneller »fischgerecht« machen – für Teichbesitzer, die nicht warten wollen.

Wasserproben schaffen Gewissheit

Über die Qualität des Wassers kann man sich selbst auf einfache Weise durch das Eintauchen von **Teststreifen** einen Eindruck verschaffen. Soll es genauer sein, gibt es bei Ihrem örtlichen **Wasserwerk** eine preiswerte

Untersuchung der eingesandten Wasserprobe.

Wichtig sind der **Säuregrad** (pH-Wert), der zwischen 6 und 8 liegen sollte und der **Härtegrad** (Karbonathärte) mit Werten zwischen 8 und 12 Grad dH. Einen zu niedrigen pH-Wert kann man durch wasserlöslichen **Düngekalk** anheben, einen zu hohen durch Torf, der für einige Zeit in Säcken in den Teich gehängt wird, senken. Ein Beutel reicht gewöhnlich für 5000 Liter.

auf einen blick

- In formschönen Gefäßen sind Wasserpflanzen gut untergebracht.
- Bereits mit kleinen Pumpen kann man viel bewirken. Wollen Sie einen Teich anlegen, sollten Sie eine größere Pumpe wählen, dann sind noch Reserven, etwa für einen Wasserfall, vorhanden.
- Strom und Wasser, eine gefährliche Kombination. Wählen Sie deshalb für Pumpen und Beleuchtung Varianten mit ungefährlicher Niedervoltspannung (Trafo) und ziehen Sie einen Fachmann zu Rate.
- Für Folienteiche reicht in der Regel die preisgünstige PVC-Folie in 0,5 mm Stärke.
- Die Wasserqualität kann man mit einfachen Mitteln selber testen.

Springbrunnen und Wasserspiele

Ein Hauch von Ruhe und Besinnlichkeit, von Urlaub und Entspannung zieht ein, wenn es im Gartenteich gluckert, murmelt und rauscht.

Wer dicht an dicht mit der Nachbarschaft lebt, weiß die dezente Geräuschkulisse zu schätzen, die manches Gespräch übertönt und so vom direkten Kontakt mit der Umgebung ablenkt. Das Angebot an Wasserspielen hält für jeden Geschmack und für jede Lautstärke etwas bereit. Wasserglocken, Schaumsprudler und Quellsteine kann man auf kleinstem Raum platzieren. Noch nicht einmal ein Teich ist dafür nötig, denn ein Becken oder Bottich an der Terrasse, auf dem Balkon oder im Vorgarten genügen schon. Zu jedem Wasserspiel gehört eine Pumpe, die man im Teich oder Gefäß unterbringen kann. Aufgeschraubte Düsen oder Aufsätze führen dann zu dem gewünschten Erscheinungsbild.

◀ Wasserspeier bringen mit ihrer erfrischenden Aktivität ein zusätzliches belebendes Element in jeden Garten. Das breite Angebot lässt dabei keine Wünsche offen.

Mühlsteinbrunnen

Für die meisten Wasserspiele braucht man keinen Teich, der genügend Wasser für die Pumpe bereit hält. Bei den beliebten Mühlsteinbrunnen gehört zum Beispiel ein Wasserreservoir, das die Umlaufpumpe speist, zur Ausstattung. Früher wurden alle Mühlsteinbrunnen aus schwerem Naturstein gefertigt. Weil dies jedoch erhebliche Gewichts- und Transportprobleme mit sich brachte, hat sich die Industrie auf neue, leichte Materialien besonnen. So bestehen die heute erhältlichen Modelle durchweg aus Polyester-Kunststoff, der nachträglich mit fest haftendem Sand überzogen wurde, um ein natürliches Aussehen zu erhalten. Die Pumpe samt Teleskop-Aufsatz und Düse für ein Wasserspiel steht in einer Wasserschale, die in die Erde eingegraben wird. Kindersicher abgedeckt und mit Kieseln belegt, fügt sich das Wasserspiel so perfekt in jede Umgebung ein, auch in das Pflanzbeet im Wintergarten, dass man von seinem Innenleben nichts ahnt.

Mühlsteinbrunnen lassen sich überall verwirklichen: Sie bereichern die Terrasse, passen in die Sumpfzone und plätschern zwischen Staudenbeeten.

Quellsteine

Haben Sie einen schönen Findling, dann können Sie ihn beim Steinmetz fachgerecht für einen akzeptablen Preis durchbohren lassen. Fertige Exemplare aus Naturstein zum Mitnehmen gibt es in Baumärkten oder Garten-

Viele Quellsteinbecken sind komplett als Bausatz erhältlich und absolut kindersicher.

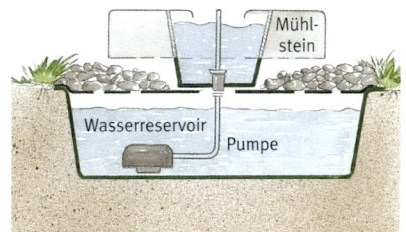

wenn Sie dazu eine Pumpe mit genügend Leistung kaufen. Den Seerosen allerdings behagt das ständige Plätschern und Spritzen nicht. Weil ihnen dauerndes Regenwetter vorgespielt wird, bleiben entstehende Blüten-knospen geschlossen. Wollen Sie also Bewegung in einem See-rosenteich, dann sollten Sie ent-weder eine der ruhig strömen-den Wasserglocken verwenden oder Ihren Springbrunnen in gehörigem Abstand sein Spiel treiben lassen.

Durchbohrte Stelen sind Platz sparende und attraktive Hingucker für jeden Gartenbereich.

Wasserkugeln als Blickfang. Hier läuft das Nass nahezu geräuschlos in ein flaches Becken und erhöht dabei die Luftfeuchtigkeit.

centern. Quellsteine kommen schon mit schwachen Pumpen zurecht, denn das Wasser soll nur rieseln oder den Ausgangs-punkt für einen Bachlauf bilden. Das Prinzip funktioniert wie bei den Mühlsteinen beschrieben, Sie benötigen ein verstecktes Wasserreservoir, das Ihren Sprudelstein speist.

Fontänen

Kunstvolle Springbrunnen oder Wasserkelche entstehen durch entsprechende Pumpenaufsätze. Soll es ein rauschender, beleben-der Schaumsprudler sein, wird in der Düse Luft beigemischt. Stärkere oder schwächere Akti-vitäten lassen sich leicht regeln,

Eine pfiffige Idee zum Selbermachen: Dränagerohre aus dem Baustoffhandel lassen sich leicht zusammenfügen.

Stelen

Hierunter werden schlanke, hohe Natursteine verstanden, zum Beispiel Basaltblöcke, die im anspruchsvolleren Fachhandel angeboten werden. Mit einer leistungfähigen Pumpe versehen, ergießt sich das Wasser durch die Bohrungen in eindrucksvoller Weise herab. Gibt es Gewichtsprobleme, z.B. auf dem Balkon, stehen entsprechende Monolithe aus leichten Felsdekor samt passenden Anschlüssen bereit.

Wasserkugeln

Sehr beliebt sind Wasserkugeln mit Wasserspeiern aus Naturstein oder Keramik, die es in unterschiedlichen Größen und Materialien gibt. Die schönsten von ihnen bestehen aus edel gemaserten Steinen, sind fein geschliffen und drehen sich in einem einem genau passenden Lager in einem Wasserbad. In gärtnerisch oder floristisch gestalteter Umgebung bieten sie einen stilvollen Anblick, der zu Hauseingängen, Wintergärten und Foyers passt. Was fehlt, ist das stimmungsvolle Plätschern, ihre Faszination liegt in der ruhigen, gleichmäßigen Bewegung, die eine meditative Ruhe ausstrahlt.

Tisch- und Zimmerbrunnen

Kugeln, Kelche oder Schalen sind bevorzugte Motive, die Tischbrunnen aus Keramik zu Leben erwecken. Die feuchtigkeitsspendenden Zimmerbrunnen stehen gewöhnlich in einer Schale mit Minipumpe und lassen sich sehr anspruchsvoll (z.B. mit Halbedelsteinen) gestalten. Obwohl sie auch den Sommer über auf der Terrasse stehen können, sind sowohl ihre Dimensionen als auch die Be-

Kühles Blau dominiert dieses Arrangement. Wassersalat und Schwimmkerzen umspielen den von einem Künstler gefertigten Tischbrunnen.

pflanzung auf helle Innenräume ausgerichtet. Moose, kleine Farne, Usambaraveilchen, Zyperngras oder kleine Wasserfarne und dekorative Kiesel oder Tuffsteine machen das kleine Arrangement zu einem viel beachteten, faszinierenden Blickfang. Kommen dann noch ein wenig »Nebel« und farbiges Licht dazu, ist die Illusion perfekt.

Keramikschale viel Wirkung erzeugen. Lassen Sie darin eine der prächtigen Wasserhyazinthen schwimmen, einige Pflanzen des Wassersalates *(Pistia stratoides)* oder des Schwimmfarns *(Salvinia natans)*. Auch an herabgefallenen Blüten von Kamelien, die auf dem Wasser treiben, kann man sich noch viele Tage erfreuen.

aus Kupfer. Das wertvolle Material in zurückhaltenden Farben entwickelt mit der Zeit eine grünliche Patina, die gut zu Pflanzen und Wasser passt. Man kann die dekorativen Elemente sowohl drinnen als draußen aufstellen. Wie bei allen Wasserspielen gehören eine Pumpe sowie eine Auffangschale dazu.

Schalen und Wasser

Mit ganz wenig Aufwand kann man bereits mit einer wassergefüllten formschönen Glas-oder

Kupferbrunnen

Liebhaber der feineren und zierlicheren Effekte erfreuen sich an kunstvoll gefertigten Brunnen

Japanische Wasserspiele

Die großen Meister bescheidener, aber dennoch sehr schöner Wasserspiele sind in Japan zu

Dicht am Sitzplatz gelegen, erhält jeder Miniteich die ihm gebührende Aufmerksamkeit.

Eine zierliches Wasserspiel aus Kupferschalen, das sowohl im Wintergarten als auch an der Terrasse schmückt.

Das Klick-Klack aus Bambus füllt sich langsam mit Wasser, um sich dann mit leisem Geräusch zu entleeren.

Weniger ist oft mehr. Sparsame Beipflanzung und ruhige Kiesel bringen das Blau der Amphore optimal zur Geltung. Terrasse, Innenhof, Vorgarten – das mediterrane Ambiente passt in viele Gartenbereiche.

finden. Weil das belebende Wasser dort fast religöse Bedeutung hat, ersetzt eine kleine Wasseranlage im Haus oder Vorgarten nicht nur in öffentlichen Gebäuden und Restaurants den oft kaum vorhandenen Garten – auch in Privathäusern werden Bewohner und Gäste gleich am Eingang auf liebenswürdige Weise mit einem Mini-Wassergarten mit rinnendem Wasser, Kieseln und Bambus begrüßt. In Europa haben beruhigende japanische Wasserspiele wie die Bambus-Wasserschaukel und das originelle Klick-Klack (Shishi-Okoshi) Eingang in Gärten und Gartencenter gefunden. Dabei füllt eine Pumpe ganz allmählich ein Bambusrohr mit Wasser, bis es umkippt und sich in das nächste Rohr oder in eine Schale ergießt.

Bachläufe und Mini-Wasserfälle

Bäche und Wasserfälle kann man mit Teichfolie selber anlegen, doch setzt dies allerhand Überlegung, Wissen, spezielles Material und handwerkliches Geschick voraus. Gern greift man daher zu vorgefertigten Elementen, die man nur noch zu einer kleinen Anlage zusammensetzen muss.

Während die ersten Konstruktionen noch reichlich künstlich aussahen, gibt es inzwischen gut gestaltete Elemente aus besandetem glasfaserverstärktem Kunststoff (GFK), die der Natur in Aussehen und Prägung nahe kommen. Meist haben sie vorgeprägte Stellen für Sumpf- und Wasserpflanzen und ausgepräg-

te Mulden, die verhindern, dass alles gleich leer läuft, sobald die Pumpe ausgeschaltet ist. Die Pumpe steht dabei in einem kleinen Folien- oder Fertigteich. Sie drückt das Wasser zur höher gelegenen Quelle, von der es Sauerstoff anreichernd zurück plätschert.

auf einen blick

- Die meisten Wasserspiele kommen ohne Teich als Wasserreservoir aus, sie lassen sich überall an geeigneter Stelle in Betrieb nehmen. Ihr Wasservorrat befindet sich gut geschützt und unsichtbar in einem Vorratsbehälter und stellt keine Gefahr für Kinder dar.
- Formen, Farben und Materialien sind unerschöpflich und lassen Geschmack und Fantasie freien Raum.

Wasserpflanzen für Miniteiche

Miniteiche verführen geradezu, immer wieder Neues auszuprobieren, dieses Jahr herrliche Seerosen anzusiedeln und im nächsten Jahr eine zweite Schale anzulegen – mit Wassersalat oder Moorbeetpflanzen.

Aus welcher Pflanzenfülle Sie für Ihre Minigärtchen schöpfen können, zeigt Ihnen dieses Kapitel, das ganz sicher Ihrer Experimentierfreude anregt.

Einkauf und Transport

Die Wasserpflanzensaison beginnt nicht früher als **Anfang April** mit der Blüte von Sumpfdotterblumen *(Caltha palustris)* und Rosenprimeln *(Primula rosea)* und sie endet erst kurz vor dem Frost. So lange lohnt es sich, Teiche anzulegen. Pflanzen erhält man oft von einem Nachbarn, der nach kurzer Zeit schon genötigt ist, im und am Teich »Luft« zu schaffen und die Pflanzen gerne teilt.
Die beste Zeit dazu findet sich im zeitigen Frühjahr. Man kann davon ausgehen, dass auch die

◀ Selbst ein kleiner Teich kann zahlreiche Pflanzen beherbergen, die unterschiedliche Blattstrukturen, Formen und Farben repräsentieren.

Gartencenter in dieser Zeit ein breites Angebot an Wasserpflanzen führen, das gewöhnlich zwischen 50 und 100 meist einheimischer Arten und Sorten umfasst. Für die Anlage von Miniteichen ist das mehr als genug. Die Pflanzen stehen durchweg in **Containern**, so dass man sie auch ohne Sorge während der Blüte kaufen und einsetzen kann. Sogar im **Herbst** werden noch viele Gartenteiche angelegt, weil dann mehr Zeit zur Verfügung steht als im hektischen Frühjahr und sich die Größenverhältnisse bei voller Belaubung besser einschätzen lassen. Seien Sie nicht enttäuscht, wenn sie anfangs mitunter mickrig aussehen – Wasserpflanzen entwickeln sich meist überraschend gut, sind sie erst einmal eingewurzelt. Alle Wasserpflanzen sind extrem empfindlich gegen Austrocknen und tragen leicht Schäden davon, von denen sie sich nur langsam erholen. Ganz besonders gilt dies für Seerosen. **Transportieren** Sie die Pflanzen immer wie Fische in geschlossenen

Etagenprimeln *(Primula × bulleyana, P. beesiana* u.a.) sind graziöse Pflanzen für Uferrand und Gefäße.

Beuteln, die erst kurz vor der Verwendung geöffnet werden. Bleiben Sie mit ihnen bis zum Pflanzen immer im **Schatten** und vermeiden Sie auch beim Transport im Auto jede Sonneneinstrahlung.

Obwohl unsere heimische Natur eine reiche Auswahl an schönen Wasserpflanzen bietet, lohnt sich das Ausgraben nicht - es ist überdies verboten. Für Gestaltungsideen liefert die Natur allerdings reichlich Vorbilder.

Empfehlenswerte Pflanzen für Miniwassergärten

Unterwasserpflanzen

Die meisten Vertreter dieser Gruppe leisten Beachtliches für die Gesundheit des Teichwassers. Sie leben ganz oder teilweise untergetaucht, nur selten haben sie sich im Teichgrund verankert, oft schwimmen sie frei. Ihre Blätter liefern unermüdlich Sauerstoff, sie halten damit die Algen kurz und verbessern die Bedingungen für alle Lebewesen im Teichwasser. Obwohl sie manchmal so unscheinbar sind, erfüllen sie damit doch eine wichtige Funktion und dürfen nicht vergessen werden.

Unterwasserpflanzen sind wichtig, weil ihre feinen Blättchen durch Assimilation unter dem Einfluss des Sonnenlichts viel Sauerstoff produzieren. Sie konkurrieren mit den Algen um Nährstoffe und halten sie damit im Zaum. Weil ihre vielen Blättchen für Schatten sorgen, wirken sie auch unerwünschter Aufheizung des Wassers entgegen. Sie sind damit sehr wichtig beim Erhalt des biologischen Gleichgewichts und für den Sauerstoffgehalt. Bis auf das treibende Hornkraut verankern sie sich im Boden, der Rest der Pflanze schwimmt frei unter Wasser.

Achtung, Wasserunkräuter!

Gewarnt sei jedoch vor zwei Vertretern dieser Gruppe, die durch ihren unbändigen Ausbreitungsdrang alles andere unterdrücken:
- die Kanadische Wasserpest (*Elodea canadensis*)
- und »Entenflott« oder Kleine Wasserlinse (*Lemna minor*).

Am besten, Sie kontrollieren jede Pflanze, die Sie erstehen, ganz genau, denn meistens werden diese »Wasserunkräuter« beim Kauf oder Tausch eingeschleppt.

Als Kulisse für den Wasser spuckenden Gargoyle mag die Kleine Wasserlinse (*Lemna minor*) ihre Berechtigung haben. Ansonsten ist sie als "Unkraut" nicht gerne gesehen.

Armleuchter-Algen
Chara-Arten

Eine Unterwasserpflanze, die zu den wichtigsten Algenbekämpfern gehört. Sie lebt ständig untergetaucht und entzieht dem Wasser Kalk, das sie in das Pflanzengewebe einlagert. Schon äußerlich kann man dies erkennen durch Kalkablagerungen, die zu einer weißlich grauen Farbe führen. Armleuchter-Algen breiten sich bei zusagenden Bedingungen, das heißt bei hartem Wasser schnell aus. Untergetaucht lebend, kommen sie fast auf der ganzen Welt in Gewässern vor.

Hornkraut
Ceratophyllum demersum

Ein Sauerstofflieferant ersten Ranges ist das frei im Wasser treibende Hornkraut. In Teichen können seine Blätter kleinere

Fische beherbergen. Zum Überwintern sinken kurze Stückchen auf den Grund (die Hibernakeln).

Nadelsimse
Eleocharis acicularis

Ihre grasähnlichen Polster bedecken den Grund. Die viel Sauerstoff liefernden spitzen Halme lugen in Gefäßen auch schon mal heraus.

Wasserhahnenfuß
Ranunculus aquatilis

Die einheimische Schwimmpflanze gehört zu den schönsten Erscheinungen in Mini- und Gartenteichen. In dichten Pulks erscheinen von Mai bis Juni die etwa 3 cm großen weißen Blüten über den rundlichen Schwimmblättern. Der Wasserhahnenfuß entzieht dem Wasser viele Nährstoffe und produziert reichlich

Der heimische Wasserhahnenfuß ist als Schwimmpflanze in sauberen Gewässern zu Hause. Ein Schmuckstück besonderer Art.

Sauerstoff. Er fühlt sich in weichen, kalkarmen Gewässern besonders wohl.

Wasserfeder, Wasserprimel
Hottonia palustris

In flachem Wasser fühlt sich diese schöne Wasserpflanze be-

Unterwasserpflanzen					
Deutscher Name	**Botan. Name**	**Blütezeit**	**Höhe cm**	**Wassertiefe**	**Farbe**
Hahnenfuß	*Ranunculus aquatilis*	Mai–Juli	2	30–50	weiß
Hornkraut	*Ceratophyllum demersum*	–	–	30–40	–
Nadelsimse	*Eleocharis acicularis*	–	–	0–40	–
Wasserfeder	*Hottonia palustris*	Mai–Juli	10–30	Schwimmpflanze	rosa
Wasserstern	*Callitriche palustris*	–	2	20–40	–

Wie zarte Elfen scheinen die Blüten der Wasserprimel über den fein gefiederten Schwimmblättern zu schweben.

sonders wohl, die mit fiedrigen Blättchen untergetaucht lebt, bis sich im Mai die zartrosaweißen Blütenstände über Wasser erheben. Sehr empfehlenswert für Miniteiche von 10–20 cm Tiefe.

Wasserstern
Callitriche palustris

Die wüchsige Pflanze bildet dichte Polster mit sternförmigen Blattrosetten, die viel Sauerstoff liefern. Sie eignet sich für eine Wassertiefe von 30–40 cm, verträgt jedoch keine Unterwasserkonkurrenz.

Schwimmpflanzen

Zu dieser Gruppe gehören Pflanzen, die aufgetaucht oder halb untergetaucht leben und entweder frei mit ihren Wurzeln im Wasser treiben wie der Wasserschlauch und die tropische Wasserhyazinthe oder sich eine kleinen Anker bewahrt haben, mit dem sie auch im Boden nach Nahrung suchen. Diese Pflanzen sind besonders interessant, weil man unabhängig ist von Pflanzgefäßen und nachträglich noch Schwerpunkte setzen kann, indem man sie einfach ins Wasser gibt. Das klappt sogar in kleinsten Wasserschalen, die schon mit einer einzigen – orchideenähnlichen – blauen Wasserhyazinthe zum viel beachteten Schmuckstück werden oder mit dem dekorativen Wassersalat auch ohne Blüten zum attraktiven Hingucker (s.S. 49) taugen.

Froschbiss
Hydrocharis morsus-ranae

Eine Schwimmpflanze mit weißen Blüten von Juni bis August und herzförmigen Blättern, die aus einer Blattrosette entwachsen. Die Blattrosetten sind untereinander durch dünne Ausläufer verbunden. Die Überwinterung erfolgt auf interessante Art: Im Herbst bilden sich Winterknospen (Hibernakeln) von ovaler Form, die etwa 10–15 mm lang sind. Der Froschbiss gedeiht am besten in weichen, kalkarmen Gewässern.

Krebsschere, Wasseraloë
Stratiodes aloides

Die heimische Krebsschere ist durch ihre seesternartigen Blätter dekorativ. Zum Überwintern taucht die robuste Pflanze im Herbst ab auf den Grund, um sich im Frühling wieder aus dem Wasser zu heben, wobei die Blattspitzen über den Wasserspiegel ragen. Von Mai bis Juni erscheinen weiße Blüten, gleich-

Viele Monate lebt die Krebsschere untergetaucht. Erst zur Blütezeit im Mai erhebt sie sich aus dem Wasser.

Schwimmpflanzen					
Deutscher Name	**Botan. Name**	**Blütezeit**	**Höhe cm**	**Wassertiefe**	**Farbe**
Feenmoos	*Azolla mexicana*	–	1	0	–
Krebsschere	*Stratiodes aloides*	Juni–Juli	10	30–40	weiß
Schwimmfarn	*Salvinia natans*	–	2	0	
Tausendblatt	*Myriophyllum brasiliense*	Juni–Aug.	20	0–10	grün
Wasserhyazinthe	*Eichhornia crassipes*	Juli–Sep.	20	15–40	blau
Wassernuss	*Trapa natans*	–	2	30–50	–
Wassersalat	*Pistia stratiodes*	–	20	0–30	–
Wasserschlauch	*Utricularia vulgaris*	5	0–50	gelb	

zeitig vermehrt sich die Pflanze durch mehrere Ableger, die bei der geringsten Bewegung abreißen und sich einen neuen Ankerplatz suchen. Sie ist gut geeignet für größere Gefäße mit 30–50 cm Wassertiefe. Eine bis drei Pflanzen reichen pro Gefäß. Die Krebsschere liebt neutrales bis saures Wasser.

Schwimmfarn
Salvinia natans

In Deutschland vom Aussterben bedroht ist der botanisch interessante Schwimmfarn, der für die Reinhaltung des Wassers eine große Rolle spielt. Die einjährige Pflanze erneuert sich jedes Jahr über kugelähnliche Sporenbehälter, die den Winter über zum Grund absinken. Die Pflanze verfügt über keine Wurzeln, vielmehr handelt es sich bei den wurzelähnlichen Gebilden unter den trichterförmig gefalteten Schwimmblättern um

Wasser- oder Tauchblätter, die für die Aufnahme von Nährstoffen aus dem Wasser sorgen. Außerdem stabilisieren sie die zu dichten schwimmenden Polstern zusammenwachsenden Pflanzen wie der Kiel eines Schiffes. Im Herbst färben sich die grünen Blättchen rostrot. Der Schwimmfarn ist eine Zierde auf kleinen bis mittleren Miniteichen.

Tausendblatt, Papageienfeder
Myriophyllum brasiliense

Die südamerikanische Schwimmpflanze verankert sich im Teichgrund und schickt auf der Wasseroberfläche lange, dekorative Triebe aus, die rundum mit hellgrünen Fiederblättern bestückt sind. Die schöne Pflanze passt gut zu heimischen, aber auch zu tropischen Wasserpflanzen. Leider übersteht sie härtere Winter nicht und muss mit einigen Triebspitzen an hellem Standort weiter vermehrt werden.

Die Wassernuss (oben) bringt essbare Früchte hervor. Die Papageienfeder (unten) braucht etwas Winterschutz.

Wassernuss
Trapa natans

Eine schöne und interessante Schwimmblattpflanze, die sogar im Herbst dunkelbraun gestachelte, essbare Früchte entwickelt, von denen sich die Bewohner der Pfahlbautendörfer in grauer Vorzeit ernährten. Die Wassernuss entwickelt sich jedes Jahr aus den Früchten neu und verankert sich dabei an gefiederten Wurzeln im Boden. Die Blattstiele fungieren als Schwimmkörper. Dafür sind sie mit Luft gefüllt und tragen die rautenförmigen glänzenden Blätter, die auf dem Wasserspie-

Wo es ihr gefällt, kann sich die Seekanne üppig ausbreiten. Die glänzend grünen Blätter ähneln denen von Seerosen, sind aber etwas kleiner.

gel aufliegen. Im Herbst färben sie sich rot. Die Wassernuss liebt wärmeres Wasser und ist deshalb auch für Miniteiche in besonnter Lage geeignet.

Wasserschlauch
Utricularia vulgaris

Die zierliche Schwimmpflanze verträgt wie die Wassernuss wärmeres Wasser und kann deshalb ähnlich gut in kleinen Gefäßen verwendet werden. Aus zahlreichen verzweigten Trieben ragen in der sommerlichen Blütezeit gelbe, zierliche Blüten aus dem Wasser. Die »fleischfressende« Pflanze ist gerne gesehen, denn sie fängt mit Hilfe

Der Wasserschlauch geht mit seinen Schwimmbläschen auf Jagd nach Mücken und kleine Insekten.

von Bläschen kleine Insekten, Mückenlarven und Wassertiere. Sie überwintert mit Winterknospen (Hibernakeln) im Schlamm.

Pflanzen für mittleren und tiefen Wasserstand (Seerosenzone)

Nur wenige Pflanzen bewohnen die tieferen Zonen, wo das Wasser kühler ist und sich erst spät erwärmt. Neben den großblütigen Seerosen bilden sie in der freien Natur die Vorposten der Vegetation. Zwar verankern sie sich im Boden, brauchen zur Entwicklung aber genügend Platz. In Fässern und Gefäßen kommen sie mit weniger Tiefe zurecht.

Die Teichmummel braucht mindestens 60 cm Wassertiefe. Sie ist daher nicht für flache Gefäße geeignet.

Seekanne
Nymphoides peltata

Man kann sie mit der Seerose verwechseln, solange man nur die kleinen Blätter sieht. Erst, wenn die gefransten, goldgelben Blüten im Juli oder August aus dem Wasser ragen, wird die Sache klar. So schön sie ist, kann die Seekanne doch zum Wuchern neigen. Es ist daher angebracht, den dünnen, kriechenden, langen Wurzelstock in Körben oder Wasserpflanztüten unterzubringen.

Teichmummel, Gelbe Teichrose
Nuphar lutea

Die heimische Teichmummel findet man oft in der Gesellschaft von Seerosen. Sie ist ein Bewohner größerer und tieferer Gewässer, in Miniteichen eher eine seltenere Erscheinung, die sich durch Seerosen ersetzen lässt.

Teich-Simse
Schoenoplectrus lacustris

Im Alter bildet die wüchsige Simse dichte, stabile Horste, die alle drei bis vier Jahre nach einer Teilung verlangen. In eine naturgemäße Bepflanzung passen die grünen, runden Halme gut hinein. Höhe 120–150 cm.

Zebra-Simse
Schoenoplectrus tabernaemontanii
'Zebrinus'

Die grasähnliche Simse hat zarte, gelb geringelte Halme, die vor dunklem Hintergrund oder sattgrünen Blättern von Pfeilkraut oder Seerosen gut zur Geltung kommen, auch Gräser passen gut zu ihr. Sie braucht einen windgeschützten Standort.
Höhe 100–120 cm.

Pflanzen für den mittleren bis flachen Wasserstand

Dicht am Ufer, im nicht allzu tiefen Gebiet der Flachwasserzone (10–40 cm Wassertiefe) beginnt die Vegetation reichhaltiger zu werden. Alle hier genannten Arten sind im Boden fest verwurzelt. Ein gelegentlich höherer oder tieferer Wasserstand macht ihnen nichts aus. Zu Tannenwedel, Blumenbinse, Hechtkraut und Hahnenfuß passen auch viele Seerosensorten für den flachen Wasserstand, vor allem Zwergseerosen.

Pflanzen für mittleren und tiefen Wasserstand					
Deutscher Name	**Botan. Name**	**Blütezeit**	**Höhe cm**	**Wassertiefe**	**Farbe**
Seekanne	*Nymphoides peltata*	Juli–Sept.	5	20–60	gelb
Teichmummel	*Nuphar lutea*	Juni–Sept.	15	40–150	gelb
Teichsimse	*Schoenoplectrus lacustris*	Juni–Juli	150	20–60	braun
Zebra-Simse	*Schoenoplectrus tabernaemontanii* 'Zebrinus'	Juni–Juli	120	20–40	braun

Die Cypergrassegge wächst grazil und überhängend. Straff aufrecht steht dagegen die zierliche Blumenbinse.

Cypergrassegge, Tränensegge
Carex pseudocyperus

Wegen ihres grazilen, wenig steifen und etwas hängenden Wuchses wird die Tränensegge gerne in Gartenteichen und größeren Gefäßen verwendet. Sie ist besonders wüchsig, gedeiht üppig bei zusagenden Bedingungen und erfreut durch hellgrünes, zierlich schilfartiges Laub. Die Blüten sind in herabhängenden, etwa 5 cm langen Ähren angesiedelt. Höhe 60–80 cm. Wegen des wuchernden Wuchses ist die Pflanzung in Körben angebracht.

Blumenbinse, Schwanenblume
Butomus umbellatus

Grazil wiegen sich auf dünnen, binsenartigen Stielen Dolden von zartrosa Blüten im Wind. Die Schwanenblume oder Blumenbinse ist eine attraktive Erscheinung, die viele Wochen blüht. Sie fühlt sich vor allem an stark besonnten Stellen wohl, ist aber sonst sehr robust und sogar in der Lage, Schadstoffe abzubauen und damit das Teichwasser auf Bioart zu reinigen. Die Blütezeit liegt zwischen Juni und August. Weil sie wenig Platz braucht, gehört sie auch für

Das blaue Hechtkraut zählt zu den schönsten Wasserpflanzen und blüht lange. Es ist für Gefäße gut geeignet.

Kleinstteiche in die engere Wahl. Höhe 60–80 cm.

Hechtkraut
Pontederia cordata

Eine der schönsten Wasserpflanzen bescherte uns Südamerika: das Hechtkraut. Es ist in Brasilien beheimatet und damit eine der wenigen Wasserpflanzen mit breiter Verwendung, die nicht aus der heimischen Natur stammen. Obwohl die Überwinterung mitunter auf Schwierigkeiten stößt (gut in Laub einpacken), wiegen die stahlblauen schönen Blüten in der langen Zeit von Juli bis September diesen kleinen Nachteil auf. Höhe 50–60 cm.

Pfeilkraut
Sagittaria latifolia

Das Pfeilkraut ist an vielen Stellen auf der nördlichen Halbkugel verbreitet, auch in Europa. Mit pfeilförmigen Blättern heben sich die hübschen weißen, ausdrucksvollen Blüten mit gelben oder braunen Staubfäden-Puscheln 70–80 cm hoch über den Wasserspiegel. Neben der breitblättrigen Form ist auch die etwas weniger attraktive *Sagittaria sagittifolia* verbreitet, ebenfalls die gefüllte Form 'Plena'. Alle sind winterhart. Blüht von Juni bis August.

Die großen weiß-gelben Blüten des Pfeilkrautes sind attraktiv. Sie erscheinen von August bis Oktober.

Bei den urigen Rohrkolben heißt es, genau auf deren Bezeichnung zu achten, denn nur der schwach wachsende Kleine und der Schmalblättrige Rohrkolben eignen sich für Gefäße.

Rohrkolben
Typha angustifolia,
Typha minima

Die auffallenden dunkelbraunen Samenstände dieser robusten Sumpf- und Wasserpflanze eignen sich bestens für Trockensträuße, obwohl sich der wollige Samen nach einiger Zeit aus der Hülle löst. Von den Rohrkolben-Arten gehört der stark wuchernde Breitblättrige Rohrkolben (*T. maxima*) nur in größere Teiche. Auch können die kräftigen Rhizome während des Austriebs der Folie gefährlich werden. Für kleinerer Teiche und Gefäße haben sich der in allem schwächer wachsende Schmalblättrige Rohrkolben (*T. angustifolia*) mit 120 cm Höhe und der Kleine Rohrkolben (*T. minima*) bewährt. Mit seinem zierlichen Wuchs und fast runden Samenständen passt dieser als dekoratives Element in kleinste Gefäße auf der Terrasse. Er wird nur 60–80 cm

Tannenwedel sehen urig aus. Sie wachsen leicht und üppig, wollen allerdings windgeschützt stehen.

hoch. Seine Kolben erscheinen schon im Mai. Bevorzugte Wassertiefe des Kleinen Rohrkolbens: etwa 20 cm.

Tannenwedel
Hippuris vulgaris

Wie Pflanzen aus der Urzeit winden oder strecken sich seine nadelartigen, in Quirlen angeordneten Blätter an tannen-

baumartigen Trieben 30–40 cm hoch aus dem Wasser empor. Die Blüten sind unauffällig – dafür ist die Erscheinung der heimischen Wasserpflanze dekorativ genug. Sie ist sehr wüchsig, weshalb sie immer in Körben oder Gefäßen stehen und die weichen Rhizome gelegentlich eingekürzt werden sollten. Tannenwedel zählt zu den wichtigsten Favoriten für Becken auf Balkon und Terrasse.

Pflanzen für mittleren bis flachen Wasserstand					
Deutscher Name	**Botan. Name**	**Blütezeit**	**Höhe cm**	**Wassertiefe**	**Farbe**
Bitterklee	*Menyanthes trifoliata*	Mai–Juni	20	10–30	weiß
Blumenbinse	*Butomus umbellatus*	Juni–Aug.	100	10–40 cm	rosa
Froschbiß	*Hydrocharis morsus-ranae*	Juli–Aug.	10	10–50	weiß
Froschlöffel	*Alisma plantago-aquatica*	Juni–Sep.	50	5–30	weiß
Goldkeule	*Orontium aquaticum*	Mai–Juni	30	30–60	gelb
Hahnenfuß	*Ranunculus flammula*	Juni–Okt.	40	10–20	gelb
Hechtkraut	*Pontederia cordata*	Juni–Okt.	50	20–40	blau
Igelkolben	*Sparganium erectum*	Juni–Juli	30	10–30	grün
Kalmus	*Acorus calamus*	Mai–Juni	100	10–20	grün
Pfeilkraut	*Sagittaria sagittifolia*	Juni–Juli	60	10–40	weiß
Rohrkolben	*Typha angustifolia*	Juli–Sep.	150	5–40	braun
Kleiner Rohrkolben	*Typha minima*	Juni–Sep.	60	10–15	braun
Schachtelhalm	*Equisetum hyemale*	Juli–Aug.	100	10–20	braun
Straußfelberich	*Lysimachia thyrsiflora*	Mai–Juni	40	10–10	gelb
Tannenwedel	*Hippuris vulgaris*	—	40	10–40	–
Sumpfwolfsmilch	*Euphorbia palustris*	Mai–Juni	60	0–10	gelb
Wollgras	*Eriophorum angustifolium*	April–Mai	20–40	0–10	weiß
Zebra-Simse	*Schoenoplectrus tabernaemontani* 'Zebrinus'	Juni–Juli	80	0–15	braun
Zypergrassegge	*Carex pseudocyperus*	Juli–Aug.	60	0–10	grün

Drei Tongefäße in zueinander passenden Größen. Zum Breitblättrigen Pfeilkraut gesellen sich unterschiedliche Sorten des üppig blühenden Blutweiderichs.

Pflanzen für Sumpf und feuchten Uferrand

Der Frühling im Wassergarten beginnt mit der Vegetation am Uferrand, wo sich der Boden viel schneller erwärmt als im lange noch kalten Wasser. Unter immerfeuchten Bedingungen, also bei 5–15 cm Wasserstand, öffnen als erste Sumpfdotterblumen *(Caltha palustris)* in gefüllten und einfach blühenden Sorten ihre dicken, flachrunden Knospen, der Fieberklee mit weißen, stark behaarten Blüten und am feuchten Uferrand die magentarote Rosenprimel. Einen Höhepunkt setzen die vielen gelben Blüten der Wasserschwertlilie, die in jedem Gefäß zur Blüte kommt, sich dann aber üppig vermehrt, so dass man sie gelegentlich teilen sollte. Im Sommer fügen sich an Froschlöffel, Blumenbinse, Pfeilkraut, Sumpf-Iris und der gelbe Zungenhahnenfuß. Alle sind höhere Pflanzen, die erst vor einem dunklen Hintergrund (Mauer, Hecke, Sichtschutzzaun) optimal zur Geltung kommen. Befindet sich der Miniteich im Garten, kommen auch eine große Zahl von Gartenstauden und Zwerggehölzen (z.B. Azaleen) in Frage, die im umgebenden Erdreich stehen und auch gelegentliche Trocken-perioden überstehen. Hier kommen auch Blumenzwiebeln wie Narzissen, Blaustern und Herbstzeitlose in Betracht und natürlich die Gruppe der Farne und Gräser, die im Raureif und bei Schnee den Wassergarten im Winter mit grazilen Fruchtständen verzaubern.

In der Sumpfzone sind besonders ausdrucksvolle, schöne Pflanzen angesiedelt. Der Übergang zum trockenen Land liegt nahe, und so macht es diesen Pflanzen auch wenig aus, wenn sie kurzzeitig einmal trocken fallen oder mehr als den angenommenen Wasserstand von 0 bis 10 cm Wassertiefe verkraften müssen. Die meisten Miniteiche bieten Verhältnisse wie Flachwasser- oder Sumpfzonen. In Fertigteichen sind entsprechende Pflanzzonen mit Wülsten und für den Flachwasserbereich integriert. Sumpfzonen fungieren zudem als Mini-Kläranlagen für den Gartenteich, denn viele der hier

Beim Fieberklee sind die weißrosa
Blüten zart bewimpert.
Blutweiderich hat eine lange Blütezeit.

ansässigen Pflanzen klären über
ihr Wurzelsystem trübes, ver-
schmutztes Wasser, filtern es
und entziehen Nährstoffe.
Pflanzen aus diesem Bereich sind
auch in Fässern, Kleinteichen
und Trögen gut aufgehoben. Ins-
besondere die Iris-Arten sind es
wert, dass man ihnen viel Platz
an sonniger Stelle einräumt.
Japan-Iris brauchen in den Früh-
jahrs- und Sommermonaten viel
Feuchtigkeit. Im Winter dagegen
müssen sie ziemlich trocken
stehen, eine Forderung, die sich
in Gefäßen leicht erfüllen lässt.

Blutweiderich
Lythrum salicaria

Im Hochsommer setzt die violett-
rosa Blüte ein und zieht sich bis
in den Herbst hinein. Die kerzen-
artigen Blütenstände werden
70–120 cm hoch. Die Blüten ziehen zahlreiche Schmetterlinge
an. Eine der dankbarsten Pflanzen für Gefäße.

Fieberklee, Bitterklee
Menyanthes trifoliata

Im Uferbereich, teils im Wasser,
teils außerhalb, breitet sich die
Sumpfpflanze mit fleischigen
Trieben aus. Die weißen, auf

der Rückseite rosa, mit feinen
Härchen bewimperten Blüten
erscheinen frühzeitig im Mai,
gleich nach der Sumpfdotterblume, mit der sie Vorlieben und
Ansprüche teilt. Eine schöne,
empfehlenswerte Wasserpflanze, die sich in weichem Wasser
wohlfühlt. Höhe 20–30 cm.

Froschlöffel
Alisma plantago-aquatica

Froschlöffel ist ungeheuer
wüchsig. Die halb aufrecht stehenden löffelförmigen Blätter
bringen Blütenstände filigraner
Art hervor, nicht auffällig, aber
doch bestimmend – ein Gartenteich braucht auch die grünlichen
Zwischentöne, damit andere
Blumen umso deutlicher wirken
können. Dafür können die
schleierkrautähnlichen Samenstände im Herbst für Trockensträuße Verwendung finden.
Höhe 60–80 cm, Blüte von Juli
bis September.

Gauklerblume
Mimulus luteus

Sie zählt zu den Sumpfpflanzen,
die am üppigsten blühen. Von
Juni bis in den Herbst hinein
erscheinen immer wieder neue,

gelb oder gelb-rot gefleckte Blüten. Mitunter sät sich die Art selbst wieder aus. Es gibt auch Kultursorten mit großen, herrlich gefleckten Blüten, die genauso gut in den Uferbereich passen und durch einen Rückschnitt nach der Blüte bald wieder neue Blütenstände hervorbringen. Höhe: je nach Sorte 15–60 cm.

Asiatische Sumpf-Iris
Iris laevigata

Wie die Japan-Iris bilden die Blüten dieser nahe verwandten Art keinen aufrecht stehenden Dom, sondern hängen nach allen Seiten dekorativ und farbenprächtig herab. Es gibt mehrere Kultursorten, meist in blauen und rosa, purpurroten und ge-

Mit leuchtend blauen Blüten erfreuen die Asiatischen Sumpf-Iris von Ende Mai bis Juni.

Die Kombination von buschigem und aufstrebendem Wuchs ergibt ein interessantes Ergebnis. Hier ist Gelb das Thema: Gauklerblume und Gelbe Wasserschwertlilie leuchten um die Wette.

streiften Farben. Diese Iris kann das ganze Jahr im flachen Wasser stehen, ist also weniger anspruchsvoll als die Japaniris. Die Blütezeit liegt im Juli–August.

Gelbe Wasserschwertlilie
Iris pseudacorus

Sie gehört zu den Standards. Sehr robust und zuverlässig im Mai blühend, in der Sonne und im Halbschatten zählt sie zu den schönsten einheimischen Wasserpflanzen. Die hellgelben, hübsch gezeichneten Blüten halten zwar nur kurze Zeit, dafür erscheinen sie aber zahlreich. Die fleischigen Rhizome neigen etwas zum Wuchern, sodass sie besser in große Körbe gepflanzt werden sollten. An die Pflege stellen die wüchsigen Pflanzen keine Ansprüche.

Sumpf- und Uferrandpflanzen					
Deutscher Name	**Botan. Name**	**Blütezeit**	**Höhe cm**	**Wassertiefe**	**Farbe**
Bachbunge	*Veronica beccabunga*	Mai–Aug.	30	0–20	blau
Bachminze	*Mentha aquatica*	Juni–Aug.	60	Sumpf	rosa
Binse	*Juncus inflexus*	Juli–Aug.	60	Sumpf	braun
Eidechsenschwanz	*Houttuynia palustris*	Juni–Aug.	20	10–20	weiß
Etagenprimal	*Primula × bulleyana*	Mai-Juni	50	Sumpf	orange-rot
Gauklerblume	*Mimulus luteus*	Mai–Aug.	50	Sumpf	gelb
Gauklerblume	*Mimulus ringens*	Juni–Juli	60	0–10	blau
Japan–Iris	*Iris ensata*	Juni–Juli	70	Uferrand	blau, rosa
Lobelie	*Lobelia sessilifolia*	Juni–Juli	50	0–20	blau
Kardinals–Lobelie	*Lobelia cardinalis*	Juni–Sept.	50	Uferrand	rosa, rot
Blaue Lobelie	*Lobelia syphilitica*	Juli–Sep.	60	Uferrand	blau
Mädesüß	*Filipendula ulmaria*	Juni–Sep.	80	Uferrand	weiß
Pfennigkraut	*Lysimachia nummularia*	Juli–Aug.	5	Uferrand	gelb
Scheincalla	*Lysichiton americanus*	Apr.–Mai	50	Sumpf	gelb
Schlauchpflanze	*Sarracenia purpurea*	Mai–Sep.	30	Sumpf	grün–rot
Schneefelberich	*Lysimachia clethroides*	Juli–Sep.	70	Uferrand	weiß
Sumpfcalla	*Calla palustris*	Mai–Juni	30	0–20	weiß
Sumpf-Dotterblume	*Caltha palustris*	April–Mai	30	0–20	gelb
Sumpf-Dotterblume –gefüllt	*Caltha palustris* 'Multiplex'	April–Mai	30	0–20	gelb
Sumpfeibisch	*Hibiscus moscheutos*	Juli–Sep.	70	Sumpf	rosa, rot
Sumpfhahnenfuß	*Ranunculus lingua*	Juni–Aug.	100	0–20	gelb
Sumpf–Iris	*Iris laevigata*	Juni–Juli	70	0–20	blau
Sumpf-Vergiss-meinnicht	*Myosotis palustris*	Juni–Aug.	20	Sumpf	blau
Wasserdost	*Eupatorium cannabinum*	Aug–Okt.	120	Uferrand	rosa
Wasserdost	*Eupatorium purpureum*	Aug.–Okt.	150	Uferrand	rostrot
Wasserschwertlilie	*Iris pseudacorus*	Juni–Juli	80	0–20	gelb
Weiderich	*Lythrum salicaria*	Aug–Sep.	80	Sumpf	rosa
Wiesenknöterich	*Polygonum bistorta*	Mai–Aug.	80	Uferrand	
Zwergbinse	*Juncus ensifolius*	Juni–Aug.	30	Uferrand	braun
Zyperngras	*Cyperus longus*	Juli–Sep.	80	0–20	braun

Japanische Iris
Iris ensata, syn. *I. kaempferi*

Bei der schönsten aller Iris stehen alle Blütenblätter seitlich ab oder hängen leicht nach unten. Sie wächst gut unter normalen Sumpfbedingungen, sollte aber etwas erhöht stehen, damit sie den Winter über trockener steht. In dieser Zeit bekommt ihr Staunässe schlecht. Die Blütezeit liegt im Juni. Es gibt herrliche Sorten in Blau, Rosa oder Violett. Höhe 50–60 cm.

Ein besonderes Kleinod ist die Japan-Iris. Sie hat große, waagerecht abstehende Blüten.

Sumpf-Dotterblume
Caltha palustris

Wenn Bäche und Teiche erwachen, leuchten die gelben Butterblumen, so heißt die Sumpfdotterblume im Volksmund. Üppig verbreitet sie sich überall, ohne dabei lästig zu fallen. Die gefüllte Kultursorte 'Monstrosa' blüht 10 Tage früher als der Wildtyp. Es gibt außerdem noch eine weiß blühende Art, *Caltha palustris* var. *alba.* Höhe 20 cm.

Sumpf-Vergissmeinnicht
Myosotis palustris

Diese wüchsige und sehr lange blühende Sumpfpflanze verzau-

Sogar im Balkonkasten entwickelt die heimische Sumpf-Dotterblume eine üppige Blüte, die schon bald nach dem Winter beginnt. Ebenso wie das himmelblaue Sumpf-Vergissmeinnicht gedeiht sie sowohl im nassen Sumpf als auch im flachen Wasser. Beide sind wertvolle Ergänzungen zu den aufrecht wachsenden Pflanzen.

Für größere Gefäße eignet sich der Purpur-Wasserdost. Er blüht erst im Herbst und ist ein Anziehungspunkt für Insekten.

bert mit ihrem hellen Himmelblau monatelang die Uferränder und sie von Mai bis in den Herbst in blaue Wolken. Wenn sich die als Staude wachsende Pflanze zu stark verzweigt und im Blühen nachlässt, bringt man sie durch Rückschnitt schnell wieder in Form. Höhe 25 cm.

Wasserdost
Eupatorium purpureum

Soll Ihr Gartenteich ein Schmetterlingsparadies werden? Dann darf der bis zu 2 Meter hoch wachsende Wasserdost nicht fehlen, der mit seinen rosa oder purpurrosa schirmartigen Blütendolden im September und Oktober zum Mekka aller Falter, Bienen und Hummeln wird. Die robusten Pflanzen dieser Art vertragen sogar leichte Trockenheit. Weniger empfehlenswert ist die in Deutschland wilde Art *Eupatorium cannabinum* mit helleren rosa Blüten, die sich allzu leicht versamt.

Frostempfindliche Pflanzen aus südlichen Ländern

Wer hätte nicht schon einmal von der Südsee geträumt, von märchenhaft schönen Blüten, üppigen Pflanzen und schäumenden Wasserfällen. Träume können auch bei uns zur Wirklichkeit werden. Mit etwas Technik ist fast alles machbar, in einem Wintergarten, im Gewächshaus oder im Freien an einem vollsonnigen, geschützten Standort und in einem geheizten Becken. Wo das Klima zu kalt ist, erwärmen Heizkabel das Wasser auf angenehme 22–26°C. Solaranlagen halten dabei die Kosten niedrig. Doch die meisten in Deutschland erhältlichen Wasserpflanzen kommen auch ohne solche Hilfe klar. Für die Überwinterung exotischer Pflanzen wird ein frostfreier, heller Raum benötigt.

Südliches Ambiente

Bananen, Palmen und südlich anmutende Kübelpflanzen in Töpfen in unmittelbarer Nähe, Papyruspflanzen von imposanter Höhe, ein Büschel Cyperngräser (alles in Gefäßen den Sommer über im Teich versenkt) und in der Umgebung Beetpflanzen aus dem Süden wie der duftende Heliotrop, die Buntnessel *(Coleus)*, Ziertabak, Indisches Blumenrohr *(Canna)* und Drachenflügel-Begonien zaubern tropische Atmosphäre herbei. Auf den Wellen schwimmen in Trupps blaue Wasserhyazinthen, umschwärmt von den eigenartig geformten Blättern der Muschelblume *(Pistia stratiodes)*. Als besondere Kleinode fügen wir die wie weiße Perlen aufgereihten Blütchen der Afrikanischen Wasserähre hinzu, den Wassermohn *(Hydrocleys nymphoides)* mit schwefelgelben Schalenblüten und ergänzen im Hintergrund mit dem vornehmen Blau des Hechtkrautes *(Pontederia)* aus Brasilien und dem Knallrot der Kardinals-Lobelie *(Lobelia cardinalis)*, die sowohl im flachen Wasser als auch in feuchten Beeten gedeihen kann. In größeren Töpfen kann man auch die Zimmerkalla *(Zantedeschia aethiopica)* unterbringen, eine früher sehr bekannte Topfpflanze, der der Aufenthalt im Flachwasser den Sommer über gut bekommt, was sie mit zahlreichen weißen Schalenblüten dankt und mit imposanten lackartig glänzenden Blättern. Tropenambiente kommt auch mit Taro *(Collocasia esculenta)* auf, einer in warmen Ländern weit verbreiteten Sumpfpflanze mit großen dekorativen Blättern, von der es grün- und violettblättrige Sorten gibt. Man kann sie auch bei normaler Feuchtigkeit als Kübelpflanze kultivieren und mit weiteren aktuellen Südländern kombinieren, zum Beispiel mit Ziergräsern oder Bataten (Süßkartoffeln), von denen es neben grün- auch violettblättrige Sorten gibt und exotisch gefleckte Varianten.

Afrikanische Wasserähre
Aponogeton distachyus

Trotz ihrer afrikanischen Heimat kann diese sehr schöne Wasserpflanze mit weißen Blütenähren, die nach Vanille duften, bei uns im Freien überwintern, vorausgesetzt, sie verbleibt in eisfreien Zonen. Mit zungenförmigen Blättern breitet sie sich auf der Wasseroberfläche aus und bringt 2–3 cm über dem Wasserspiegel

ab Mai–Juni bis in den Oktober zahlreiche Blütenähren hervor. Die Wassertiefe spielt keine besondere Rolle, von 10 cm bis 50 cm passt jeder Wasserstand. Im Wintergarten blüht sie durch bei 10°C.

Feenmoos
Azolla mexicana

Die hübsche, allerdings auch stark wuchernde Schwimmpflanze aus Mexiko ist eine Zierde, wenn man nur einige davon auf der Oberfläche treiben lässt. Die pfenniggroßen, smaragdgrünen Sprossen färben sich nach dem ersten Frost rot. Im

Das Feenmoos eignet sich nur für ruhige Gewässer. Sind Fontänen im Einsatz, sollten Sie wegen Verstopfungsgefahr auf andere Pflanzen ausweichen.

Gegensatz zu den heimischen Wasserlinsen *(Lemna minor)*, von denen ich wegen ihres Verbreitungsdrangs dringen abrate, stirbt das Feenmoos im Winter ab. Sollte es Ihnen nicht gefallen, hat sich damit das Problem erledigt. Wollen Sie es weiter vermehren, genügl es, einige Exemplare in einem Gefäß frostfrei zu überwintern.

Schnuppern lohnt sich bei der Afrikanischen Wasserähre, denn ihre hübschen weißen Blüten duften intensiv nach süßer Vanille.

Als Wasserpflanze ist das Indische Blumenrohr hierzulande kaum bekannt. Es gedeiht in größeren Gefäßen.

Indisches Blumenrohr
Canna indica und
Canna flaccida

Allgemein bekannt ist die Tropenpflanze als üppig wachsende Beet- und Schalenpflanze für normale Feuchtigkeitsbedingungen. Sie kommt jedoch aus den indischen Sümpfen und wagt sich sogar ins flache Wasser. Neben roten, gefleckten und gelben Sorten erzeugt die gelborange 'Tropicanna' mit einem Wuchs von 160–200 cm und mit ihren dekorativ gezeichneten

Blättern tropische Atmosphäre. Canna flaccida aus den Südstaaten hat zierlichere gelbe Blüten und erreicht eine Höhe von 150–170 cm. Im Herbst werden vor den ersten Frösten die fleischigen Rhizome entnommen und frostfrei in Torf oder humusreicher Erde gelagert. Im Februar beginn nach kurzer Ruhe das Antreiben, damit von Mai bis Oktober viele üppige Blüten zur Verfügung stehen.

Lotosblume
Nelumbo lutea

Die Traumpflanze vieler Wassergärtner ist in Nordamerika und Asien verbreitet. In Ägypten galt sie als heilige Pflanze und rund ums Mittelmeer findet man auch heute noch ausgedehnte Wildbestände. Die asiatischen Arten gelten als heikel, doch die aus Nordamerika stammende Nelumbo lutea gedeiht in günstigen

Die zauberhafte Lotosblume kommt nur unter sonnigen, warmen und geschützten Bedingungen zur Blüte. Ein Versuch lohnt sich in flachen Gefäßen.

Klimagebieten Süddeutschlands mit Erfolg. Nur in nassen und regnerischen Sommern haben die fleischigen Rhizome Schwierigkeiten, vor dem Winter gut auszureifen. Während die asiatischen Arten der Lotusblume sehr hohe Ansprüche an die Wasser- und Lufttemperatur stellen, sind die Arten aus Nordamerika (z.B. *Nelumbo lutea*) in günstigem Weinbauklima fast winterhart. Die einer Banane ähnelnden Rhizome können im Freien unter einer dicken Laubschicht überwintern. Im Sommer entwickeln sie viele 60–80 cm hohe Blätter und rosen- ähnliche Blüten. Sicherheitshalber sollten die Rhizome an einem frostfreien Ort eingeschlagen oder in Kisten mit humsreicher Erde gelegt überwintern. Vorsicht beim Bewegen der brüchigen Rhizome, sie sind ohne Triebspitze nicht mehr lebensfähig. Pflanzen Sie sie ohne andere Begleitpflanzen in größere Behälter, damit sie sich in voller Schönheit entfalten können.

Die Lotosblume braucht nährstoffreiche Erde mit organischem Dünger (z. B. Hornspäne) in einer dicken Schicht von 30–40 cm humusreicher Erde. Samt Behälter kann man die Rarität an einen voll sonnigen, geschützten Platz und bei flachem Wasser-

stand (30–30 cm) zur Blüte bringen. Die elegant geformten bauchig-spitzen Knospen öffnen sich graziös in hellem Rosa. Originell und deshalb für die weihnachtliche Blumenbinderei sehr gefragt sind die haltbaren braunen gelöcherten Samenstände, die von Floristen gerne zu exotisch anmutenden Trockengestecken verarbeitet werden.

Muschelblume
Pistia stratiodes

Mit ihren rosettenförmig angeordneten Blättern ähnelt diese leicht wachsende Schwimmpflanze einer Rosenblüte. Die gefurchten Blätter messen je nach Alter und Kulturzustand 5 bis 20 cm im Durchmesser und sind von graugrüner Farbe, was von vielen feinen Härchen herrührt. Wassertropfen perlen von ihnen auf dekorative Weise ab. Die haarigen Wurzeln entziehen ihre Nahrung dem Wasser. Die Muschelblume gedeiht am besten an einem halbschattigen Standort, kommt aber auch mit den Verhältnissen im Zimmer oder auf dem Balkon zurecht und wird deshalb gerne als einfacher, dekorativer Schmuck verwendet, der in wassergefüllten Schalen aus Glas oder Zink

Muschelblumen (Wassersalat) sind dekorative Schwimmpflanzen mit bauschigen Wurzelbärten.

schwimmt. Zum Überwintern bringt man sie in einen hellen Raum oder Wintergarten bei mindestens 15 °C.

Lobelien
Lobelia cardinalis, L. speciosa, L. syphilitica

Einige Lobelien-Arten sind schöne, dekorative Sumpfpflanzen, die in Gefäßen und am Uferrand von kleinen Wassergärten lange blühende Akzente setzen. Leuchtend rot sind die dicht besetzten, etwa 60 cm hohen Blütenkerzen der Roten Kardinalslobelie

Die Kardinals-Lobelie ist eine lange blühende Schönheit. Papyrus wächst grasartig und lässt sich als exotische Kübelpflanze ziehen.

(*L. cardinalis*), die allerdings nicht ganz winterhart ist und besser im Haus überwintert. Aus Kreuzungen entstand *Lobelaia × speciosa,* wunderschöne, monatelang blühende Gartenstauden der 'Fan'-Serie von Benary mit 40–60 cm Höhe. Die Blütenfarben variieren je nach Sorte von Leuchtendrot über Rosa bis Violettblau. Sie passen an feuchte Uferränder und in Sumpfpartien, sind winterhart und mehrjährig wie die empfehlenswerte *Lobelia syphilitica* aus Nordamerika, die von August bis September mit blauen Blüten erfreut. Alle Lobelien wuchern nicht.

Papyrus
Cyperus papyrus

Echtes Papyrus vom Nil, das bringt nicht subtropische Atmosphäre, es ist auch botanisch interessant. Das in vielen Teilen Afrikas verbreitete Sumpfgras mit den typischen dreikantigen Stielen erreicht unter günstigen Bedingungen bis zu drei Meter Höhe. Aus dem weißen Mark wurde in Ägypten Papier gefertigt. Die grasartigen quirlig angeordneten Blätter hängen in elegantem Bogen herab. Die imposante wärmebedürftige

Kübelpflanze darf nie trocken stehen. Verwenden Sie daher nicht zu große wasserdichte Kunststoffgefäße, die man den Sommer über im Teich versenken kann. Auch im Wintergarten ist sie ganzjährig gut aufgehoben. Aus Samen kann man Papyrus leicht selber anziehen. Wer nach einer winterharten Alternative sucht, ist mit dem Hohen Zypergras (*Cyperus longus*) gut bedient, das von Kleinasien bis Westauatralien verbreitet ist.

Wechselblättriges Zypergras
Cyperus alternifolius

Das als Zimmerpflanze bekannte frostempfindliche Zypergras verbringt den Sommer gerne im Gartenteich. In ihrer subtropischen Heimat wachsen alle Zypergräser im Sumpf oder nahe am Ufer in Gewässern. Sie dürfen nie trocken werden. Aus Samen kann man sich leicht neue Pflanzen ziehen. Eine leichte Methode ist auch das Bewurzeln von Blattquirlen, die man umgekehrt in eine Schale mit Wasser stellt. Kürzen Sie die Blätter etwas ein, das braucht weniger Platz. Schon nach wenigen Wochen kann man die zahlreichen Jungpflanzen eintopfen.

Wie in den Tropen entfaltet sich in sonnig gelegenen Wassergärten ein üppiges Wachstum aus Seerosen, Wasserhyazinthen, Lotos und Zyperngras.

Taro
Collocasia esculenta

Die großen Blätter und die armdicken, außen braunen, innen weißen Wurzeln der in den Tropen weit verbreiteten Pflanze sind essbar und enthalten viel Stärke. Auf Hawaii wird daraus das breiartige Nationalgericht »Poi-Poi« bereitet. Gärtnerisch interessant sind die schön geformten, glänzend grünen oder violetten Blätter, die eine dekorative Zierpflanze abgeben. Bis zu einen Meter hoch, passen die wärmeliebenden Südländer in Wintergärten, als mächtiger Hintergrund an Gefäße, Mauern oder Sichtschutzwände. Gute Partnerpflanzen sind Süßkartoffeln, Efeu, Canna, Zierbananen oder tropische Seerosen.

Wasserhyazinthe
Eichhornia crassipes

Mit ihren großen stahlblauen Blüten und der orchideenähnlichen Zeichnung sind die Wasserhyazinthen aus Südamerika eindrucksvolle Erscheinungen. So wie die Blüten angeordnet sind, ähneln sie entfernt Hyazinthen. Mit einem kräftigen Stiel und je nach verfügbarem Licht zart oder kräftiger blau, mitunter auch zart lila erheben sie sich aus den fleischigen, glänzend grünen Blättern. Der bauchige, ballonförmige Schwimmkörper trägt das Ganze und schickt dicke Wurzelbärte ins Wasser, aus dem die Nährstoffe bezogen werden. Wasserhyazinthen sind dekorative Einzelstücke, die schon mit wenigen Exemplaren viel Aufmerksamkeit hervorrufen. An einem sonnigen, warmen geschützten Platz blühen sie zwischen Juni und September. Die Pflanzen sind in warmen Ländern sehr vermehrungsfreudig. Schon wenige Pflanzen, die

Die großen hellblauen Blüten der Wasserhyazinthe ähneln denen von Orchideen. Als Schwimmpflanzen treiben sie auf der Oberfläche und leben von den Nährstoffen im Wasser.

Besonders schön sind auch die leuchtend gelben Blüten des üppig wuchernden Wassermohns.

der König von Siam von einer Amerika-Reise mitbrachte, genügten, um die Flüsse in ganz Thailand mit der Wasserhyazinthe zu beglücken, manchmal auch zu verstopfen, so dass die Schifffahrt empfindliche Störungen erleidet. In den Tropen wird sie auch zur biologischen Klärung von Abwässern eingesetzt. Die im Herbst gebildeten neuen Schwimmkörper überwintern an einem sehr hellen Standort im Wintergarten oder im Gewächshaus bei Temperaturen von 8–12°C.

Wassermohn
Hydrocleys nymphoides

Die Schwimmpflanze stammt aus Südamerika und wird wegen der typischen schalenförmigen Blüten als Wasserschüssel bezeichnet. Die dicken lederartigen Blätter sehen attraktiv aus, Ähnliches kann man von den prächtigen, etwa 5 cm großen schwefelgelben Blüten sagen, die sich im Sommer einige Zentimeter über die Wasserfläche erheben. Sie halten nicht lange, erscheinen aber dafür in großer Zahl. Wassermohn eignet sich gut für die Kultur den Sommer über im Freien, aber auch für den Wintergarten. Gute Partner in Gefäßen sind höhere Gewächse wie Papyrus. Wählen Sie einen geschützten, sonnigen Platz (zum Beipiel ein Hochbeet), damit die Wassertemperatur regelmäßig über 18°C, besser 20–23°C steigt. Gut bekommt auch eine Solarheizung. Ab September kann man von den Ausläufern Triebenden abschneiden und zur Überwinterung in Gefäßen an einem hellen Ort bei 10–12°C aufstellen.

Nicht ganz winterhart sind die Rhizome der Zimmerkalla, die im flachen Wasser reichlich blüht.

Zimmerkalla
Zantedeschia aethiopica

Die großblütige weiße Zimmerkalla ist in südlichen Ländern in feuchten Wiesen und Sümpfen weit verbreitet. Durch allzu häufige Verwendung auf Kränzen und in der Floristik ist die schöne und robuste Pflanze leider nicht mehr so ganz in Mode, doch kann man die fleischigen Rhizome im Winter und im Gartenversand problemlos im Handel bekommen. Zieht man die bis zu 80 cm hohe dekorative Pflanze ganzjährig in größeren Töpfen, hält sie noch an ihrem afrikanischen Wachstumsrhythmus fest:

Blüte ab März bis Juni, dann sommerliche Ruhezeit, um im Herbst erneut auszutreiben. Dies passt zu einer Verwendung im Wintergarten. Damit sie im Freien den Sommer über blühen, werden die Rhizome erst im Februar in nährstoffreiche Erde gesetzt. Haben sich die Blätter voll entfaltet, werden die Pflanzen nach den Frösten ins Flachwasser gestellt, wo sie bis zum Herbst blühen, um im Winter zu ruhen.

Eine besondere Attraktion sind die farbigen Callas oder Zantedeschias, die in der Sumpfzone, am immerfeuchten Uferrand im Freien und in Gefäßen im Winter-

garten als Spätsommerblüher gedeihen. Die Sorte 'Pink Persuation' blüht rot, 'Little Suzy' rosa und 'Little Jimmy' weiß. Eine atemberaubende Tropenatmosphäre bringt 'Green Goddess' mit großen, exotischen Blüten in Weiß und Grün.

Tropische und subtropische Pflanzen					
Deutscher Name	**Botan. Name**	**Blüte**	**Höhe**	**Standort**	**Blütenfarbe**
Blumenrohr	*Canna indica*	Juli–Oktober	120	Uferrand	rot, gelb
Feenmoos	*Azolla mexicana*	–	–	Schwimmpflanze	–
Lotosblume	*Nelumbo lutea*	Juli–August	80	20–30	rosa
Muschelblume	*Pistia stratiodes*	–	15	Schwimmpflanze	–
Papageienfeder	*Myriophyllum brasiliense*	–	10–30	Schwimmpflanze	–
Papyrusstaude	*Cyperus papyrus*		130	Sumpf	–
Taro	*Collocasia esculenta*	–	120	Sumpf	–
Tropische Seerosen	*Nymphaea × daubenyana*	Juli–Sep	30	20–30	blau
Wasserähre	*Aponogeton distachyos*	Juli–Sep.	5	Schwimmpflanze	weiß
Wasserhyazinthe	*Eichhornia crassipes*	Juli–Sep.	20	Schwimmpflanze	blau
Wassermohn	*Hydrocleys nymphoides*	Juli–Sep.	15	Schwimmpflanze	gelb
Wechselblättriges Zypergras	*Cyperus alternifolius*		60	0–30	braun
Zimmercalla	*Zantedeschia aethiopica*	Juni–Sep.	70	0–10	weiß

Herrliche Blüten in Blau, Violett, Rosa oder Weiß zeichnen die Hybriden der tropischen Seerosen aus.

Tropische Seerosen
Nymphaea × daubenyana

Die schönsten Seerosen wachsen – wie könnte es anders sein – in den Tropen. Aus afrikanischen und äyptischen Seerosen entstand die Naturhybride *Nymphaea × daubenyana*, die sich sogar aus Samen vermehren lässt. Durch Einkreuzung von australischen und ostasiatischen Wildarten entstanden weitere Hybriden, die es in gut spezialisierten Gärtnereien auch bei uns zu kaufen gibt. Ohne zusätzliche Erwärmung des Wassers (zum Beispiel durch eine Solarheizung) gedeihen sie allerdings nur im Wintergarten befriedigend. Es gibt Sorten in märchenhaft blauen, rosa, gelben und weißen Schattierungen. Auf festen, edlen Stielen tragen sich die Blüten etwa 20 cm hoch über dem Wasserspiegel. Eine einzige Pflanze in einem Gefäß aus Thaikeramik macht schon viel her. Genauso edel wirken die zartrosa Blüten der Indischen Lotusblume *(Nelumbo)*.

Typisch für tropische Seerosen: leuchtend grüne, lackartig glänzende Blätter und elegante Blüten, die auf einem Stiel etwa 20 cm über der Wasserfläche schweben.

Seerosen

Gartencenter halten ab April einen großen Vorrat an Wasserpflanzen und speziell von Seerosen bereit. In Containern kann man sie leicht transportieren und jederzeit pflanzen. Die Saison dauert vom zeitigen Frühjahr bis Ende August. Geben Sie den Seerosen einen sonnigen Standort. Wenigstens fünf Stunden Sonnenschein täglich sind nötig, damit sie üppig blühen. **Wichtig:** Junge Pflanzen nicht in der Sonne liegen lassen, bald öffnen und in Körbe pflanzen. Für starkwüchsige Pflanzen sind Weidenkörbe angebracht, aus Holz oder stabiler Plastik. Sie sollten jedoch an den Seiten durchbrochen sein, damit sich die Wurzeln ausbreiten können. Kunststoffkörbe sind haltbarer als Weidenkörbe. Man kann sie in verschiedenen Größen kaufen. Enge Ritzen sind vorteilhaft, weil sie Wasser hindurchlassen, aber das Herausrinnen von Erde verhindern. Empfehlenswert ist es dennoch, die Körbe mit einem größeren Stück Jutetuch auszuschlagen und mit Mischung aus nährstoffarmer Humuserde und Sand aufzufüllen. Nur gesunde, handlange abgetrennte Rhizomspitzen wachsen an. Faulstellen, verletzte Blattstiele und Wurzeln

Schon wenige Seerosen-Blüten der Sorte 'Laydekeri Lilacae' machen den kleinen Miniteich im Whisky-Fass auf jeder Terrasse zum Hingucker.

werden mit scharfem Messer bis ins gesunde Gewebe zurückgeschnitten und mit Holzkohlepuder desinfiziert.

Die Pflanzung von Seerosen

Die fleischigen Wurzeln verteilt man locker ausgelegt auf einem Häufchen Substrat und bedeckt sie leicht mit Erde. Ballenpflan-

Plätscherndes, sprühendes und spritzendes Wasser suggeriert den Pflanzen Dauerregen. Die Blüten bleiben als Folge geschlossen. Bleiben Sie deshalb mit Wasserspielen mindestens 50 cm von den Pflanzen entfernt.

Seerosen für flachen und mittleren Wasserstand					
Deutscher Name	**Botan. Name**	**Blütezeit**	**Höhe cm**	**Wassertiefe**	**Farbe**
Zwergseerosen	*Nymphaea pygmaea* 'Rubra'		5	10–30	gelb
	Nymphaea odorata 'Minor'		5	10–30	weiß
	Nymphaea candida		5	10–30	weiß
	Nymphaea tetragona	Juli–Sep.	2	10–30	weiß, rosa
Seerosen	*Nymphaea*–Hybriden	Juni–Okt.	10	25–60	
	'Aurora'		10	30–50	gelb–orange–rot
	'James Brydon'		10	25–50	karminrot
	'Laydekeri Lilacea'		10	25–40	rosa–rot
	'Laydekeri purpurata'		10	25–50	weinrot
	'Maurice Laydeker'		10	30–50	rosa–rot
	'Froebelii'		15	30–50	kirschrosa

zen werden ausgetopft und bis zur ursprünglichen Höhe eingesetzt, nie tiefer. Nun drückt man seitlich fest an, schlägt alles gut ein und beschwert die Jute anschließend mit einem Stein. Beim Fluten heißt es vorsichtig zu sein, damit die Erde nicht heraus gespült wird. In 20–30 cm flachem Wasser wachsen die Seerosen zunächst zwei bis drei Wochen lang an. Erst danach

Pflanzen von Seerosen: Ein Gitterkorb wird zunächst mit Jute ausgelegt und mit Teicherde gefüllt.

Nachdem alte und faule Rhizomteile abgeschnitten sind, breitet man die Wurzeln aus und bedeckt sie mit etwas Substrat.

Damit die Erde nicht ausschwämmt das Jutetuch darüber schlagen, mit Steinen beschweren und im Wasser absenken.

Zwerg-Seerosen kommen schon bei 10 cm Wasserstand zur Blüte. Besonders hübsch kommen rosa, gelbe oder weiße Sorten in blauen Gefäßen zur Geltung.

Die kirschrote Züchtung 'James Brydon' ist besonders blühwillig.

werden sie in tieferes und kälteres Wasser abgesenkt, entsprechend den jeweiligen Bedürfnissen der Sorte.

Soll man düngen?

Im allgemeinen nicht. Erst nach zwei bis drei Jahren, wenn die Nährstoffe aufgebraucht sind. Die Pflanzen zeigen dies durch vermehrte gelbe Blätter. Geben Sie dann einen Fingerhut voll Depotdünger direkt in den Wurzelbereich. Diese Düngerform löst sich erst nach Bedarf der Pflanzen und belastet das Teichwasser kaum.

Sorten

Unempfindlich sind die heimischen Seerosen-Arten wie Nymphaea alba und die gelbe Teichmummel (Nuphar lutea), beide für tiefere Teiche ab 60 cm Wasserstand geeignet. Zwergseerosen kommen schon mit 10–30 cm Wassertiefe aus. Bewährte Sorten sind Nymphaea tetragona 'Alba'(weiß), 'Helvola'(hellgelb), 'Rubra' (rot).
Für mittlere Wassertiefen gibt es viele prächtige Sorten. Naturgartencharakter hat die dunkelrosa 'Froebelii' mit kleinen Blüten, die etwas übers Wasser ragen.

Tolle Pflanzideen für Miniteiche

Wer keinen großen Garten hat, braucht trotzdem nicht auf die Faszination des Wassers zu verzichten. Wasserpflanzen gedeihen auf kleinstem Raum. Schon zwei oder drei Pflanzen in einem formschönen Gefäß verleiten zum genauen Betrachten.

Während ein kleiner Fertigteich sowohl an die Terrasse als auch an viel begangene Wege passt, kann ein halbiertes Fass mit Seerosen, Blutweiderich und Sumpfvergissmeinnicht im Garten kaum die gewünschte Aufmerksamkeit wecken. Mag es noch so schön sein, inmitten der vielen Pflanzen geht es unter. Auf der Terrasse oder auf dem Balkon kommt das kleine Ensemble dagegen groß raus. Gönnen Sie ihm noch mehr Gesellschaft und stellen Sie eine Gruppe aus unterschiedlichen Gefäßgrößen und Wasserpflanzen zusammen. Auch Stauden, Gräser, Sommerblumen und Kleingehölze in Kübeln sowie pfiffige Dekoelemente machen den pflegeleichten Miniteich- und Topfgarten gleich vor der Tür so attraktiv, dass sogar wissensdurstige Naturfreunde Libellen, Schmetterlinge, Bienen, Hummeln und Fische beobachten können.

◀ Auch ein Schattenplatz kann reizvoll sein. Blaugrüne Funkien, glasierte Keramik, Kiesel und Steine verbreiten fast asiatisches Flair.

Praxis: Wie man pflanzt

Das feuchte Element beherbergt eine große Vielzahl von Pflanzen, die sich den Lebensbereichen in idealer Weise angepasst haben. Fast alle, die man in Gartencentern vorkultiviert in Containern oder Töpfen den ganzen Sommer über erwerben kann, sind bei uns zu Hause – und damit entsprechend problemlos und robust. In der Regel reicht das Platzangebot nicht aus, um selbst eine kleine Auswahl dieser Schönheiten unterzubringen. Das schadet jedoch nichts, denn so kommt jede einzelne von ihnen vollendet zur Geltung.

Pflanzen in Körben und Tüten

Die ideale Zeit zum Anlegen ist die Zeit zwischen Ende März und August. Passende Pflanzen müssen ausgesucht und in Gruppen zusammengestellt werden, so dass sich die Farben und Blattformen gegenseitig

Miniteiche stellt man an sonniger Stelle dort auf, wo man sich häufig an den bunten Farben erfreuen kann.

steigern. Auch die Blütezeiten sollen sich ergänzen, harmonische Blühakkorde sind gefragt. Der Hintergrund und die Umgebung wie Terrasse, Wege, Hecken und Bäume sollten in die Überlegungen einbezogen werden, denn aus dem mageren Anfangswachstum der eingesetzten Pflanzen wird sich schon bald eine üppige Vegetation entwickeln.

Miniteich anlegen: Kübel mit »Manschette«, Sprudelstein, Pumpe, Körbe, Pflanzen usw. bereit legen.

Wachsen die Pflanzen in Körben, kann man durch untergestellte Steine die passende Wassertiefe bereiten.

Auch die Umlaufpumpe für das Wasserspiel findet samt Kabeln im Kunststoff-Kübel noch einen Platz.

Zunächst gilt es, den **Teichgrund** einzubringen, der aus magerer Erde aus dem Untergrund besteht oder käuflich als Teicherde erworben wird. Da alle Wasserpflanzen **Flachwurzler** sind, genügt eine verhältnismäßig dünne Schicht von 10 bis 15 cm. Das Substrat sollte möglichst **mineralisch**, also kiesig oder sandig sein und keinen Dünger, Mist oder organische Bestandteile enthalten. Diese Stoffe würden bald verrotten und das Algenwachstum fördern. Ist der Teich-

In sehr flachen Miniteichen ist es besser, die Seerosen auszupflanzen. So werden noch einige Zentimeter an Wasserhöhe gespart.

boden terrassenförmig angelegt oder der Fertigteich mit Pflanzebenen versehen, kann man (wie in Gefäßen) auf den Teichgrund ganz verzichten und alle Pflanzen in Körben unterbringen. Beim Auspflanzen wird der verfestigte Wurzelballen der Containerpflanzen aufgerissen und die Wurzeln etwas eingekürzt – das regt sie nur zu neuem Wachstum an.
Größere Wasserpflanzen wie Seerosen, Rohrkolben oder Fieberklee pflanzt man am besten in **Körbe** aus gitterartig durchbrochenem Kunststoff mit stabilem Henkel, denn so kann man sie später bequem herausnehmen, teilen oder umgruppieren. Auch wird der **Ausbreitungsdrang** durch einen Korb gebremst, obwohl sich die Wurzeln

frei ausbreiten und im Wasser Nahrung suchen können. Man schlägt ihn mit später verrottendem **Juteleinen** aus (kein Vlies, denn es lässt die Wurzeln nicht durch), um ein Herausschwämmen der Pflanzerde zu vermeiden, füllt die Teicherde ein, legt das Rhizom mit unbeschädigter Spitze waagerecht oben auf, deckt die fleischigen Wurzeln fingerdick mit Erde ab und schlägt das Sackleinen so zu, dass nur die Spitze der Pflanze herausragt. Ein darauf gelegter **Stein** verhindert, dass beim Absenken in den Teich oder beim Wasserauffüllen in Gefäßen die Erde herausspült.
Empfehlenswert sind auch **Wasserpflanztüten**. Dabei handelt es sich um Beutel, in die die Pflanzen samt Erde gesetzt wer-

Jetzt geht es ans Bepflanzen: Teichsubstrat, eine Seerose und Zierkies stehen schon bereit.

Die Seerose wurde in einen geschlitzten Wasserpflanzenkorb gepflanzt. Zierkies verhindert das Aufschwimmen.

Ganz vorsichtig wird nun der frisch bepflanzte Korb geflutet und auf den vorher versenkten Stein gestellt.

den. Die Wurzeln wachsen durch ein poröses Gewebe, sind jedoch an ihrem Ausbreitungsdrang gehindert. Bei freier Ausplanzung im Teichgrund besteht immer die Gefahr, dass einige Arten (z. B. Schilf, Minze) wuchern und dann nicht mehr zu bremsen sind.

Man setzt die Pflanzen in eine Mulde so tief ein, wie sie vorher gestanden haben (Triebspitzen nicht bedecken!). Anschließend werden sie fest angedrückt, mit grobmaschigem **Ballentuch** bedeckt und durchdringend angegossen – dies am besten schon am endgültigen Standort.

Attraktiv sieht es übrigens aus, wenn die Körbe oder auch die ganze Pflanzfläche mit **weißem Kies** abgedeckt sind. Er verhindert nach dem Einlassen des Wassers auch, dass Pflanzen aufschwimmen. Später wird der Kies allerdings von Sinkstoffen bedeckt und von der ursprünglichen Schönheit wenig zu sehen sein.

Gepflanzt wird vom Äußeren des Miniteiches nach innen. Die jeweils **richtige Tiefe** für die Pflanzen oder Seerosensorten lässt sich auf einfache Weise mit untergestellten Steinen regulieren. In größeren Schalen, Holzfässern oder kleinen Teichen können Sie auch mit Steinen unterschiedliche **Pflanzhöhen** abteilen und durch Befüllen mit Kies oder Teicherde **Pflanzzonen** für den mittleren und flachen Wasserstand oder eine Sumpfzone schaffen. Erst dann wird das restliche Wasser bis zum endgültigen Wasserstand aufgefüllt.

Der Tannenwedel wird in eine Wasserpflanzentüte gepackt: zuziehen, verknoten und in das Gefäß setzen.

Gestalten von Schalen und Töpfen

Ob in Thaikeramik in gedecktem Grün- und Brauntönen oder mit auffälligem mexikanischem Muster, in aufmunterndem Blau oder erdnaher Terrakotta, die Auswahl der Gefäße für Minigärten richtet sich ganz nach Geschmack. Brauchbar sind nur glasierte Keramikgefäße, denn sie dürfen kein Wasser verlieren.

Dieser kleine Hafen im dekorativen Steintrog erhält durch die Wasserhyazinthe *(Eichhornia)* seine extravagante tropische Note.

Welche Gefäße sind richtig?

Grundsätzlich sind auch kleinste Gefäße für eine ansprechende Wasser- oder Sumpfdekoration geeignet. Bei 5 cm Tiefe liegt die Untergrenze, damit das Wasser noch Kies und Pflanzsubstrat überflutet. Schwimmpflanzen wie das Feenmoos, Schwimmfarn, Wasserhyazinthen oder auch der dekorative Wassersalat können durchaus im Zusammenspiel mit Moosen oder jungen Farnen eine attraktive Mini-Sumpflandschaft ergeben. Nach oben gibt es keine Begrenzung. Stets macht es wenig Sinn, Pflanzen mit ähnlichen Wuchs- und Blattstrukturen zusammenzufügen. Viel mehr Spannung bringen **Gegensätze** zwischen ein oder zwei aufstrebenden Pflanzen und solchen, die wie Seerosen ruhig sich ausbreitend auf dem Wasser treiben. Hübsche Steine, Lavabrocken oder **Dekoartikel** wie Muscheln, Schwimmkerzen oder Wurzeln tragen zum guten Aussehen bei. Auch bei den **Farben** können Gegensätze den Anblick spannender machen. Ein blaues Gefäß und weiße oder gelbe Blüten, ein braunes Gefäß mit viel Grün und rosa Blüten ein cremegelbes Gefäß und violette Blüten von Primeln oder Blutweiderich sind nur einige Beispiele. Achten Sie beim Bepflanzen darauf, dass die **Größenverhältnisse** miteinander harmonieren.

Auf die Blütezeiten achten

Wichtig sind auch die Blütezeiten, denn vom Frühjahr bis spät im Herbst soll die kleine Wasserlandschaft stets etwas Blühendes zeigen. Die Saison beginnt mit der Sumpfdotterblume und endet mit Rohrkolben und Blutweiderich. Dazwischen lassen sich viele Blühpflanzen miteinander kombinieren. Ein Dauerblüher ist das Sumpf-Vergissmeinnicht. Lässt es in der Blüte nach, können Sie es durch Zurückschneiden auf 15–20 cm Höhe zu neuen Taten aktivieren.

Wegen seiner feinen, lockeren Struktur eignet sich das hellblaue Sumpf-Vergissmeinnicht hervorragend zum Ausgleich allzu krasser Gegensätze.

Gestaltungsvorschlag 1

Wasserstand 15 cm

Kombinieren Sie in einer etwa 20 cm tiefen blauen Schale mit 50 cm Durchmesser

① 8 Wasserhyazinthen *(Eichhornia crassipes)* als Schwimmpflanzen mit
② 2 Zwergseerosen *(Nymphaea tetragona* oder eine ähnliche Hybride).

Diese kontrastreiche Kombination verleiht der Schale eine exotische und zugleich elegante Note. Sie passt in einen Innenhof, in einen hellen Wintergarten oder auf den Balkon. Geben Sie ihr einen sonnigen und geschützten Platz. Weil die blauen Wasserhyazinthen keinen Frost vertragen, brauchen sie über Winter einen hellen, frostfreien Platz.

Gestaltungs- vorschlag 2

Wasserstand 20–40 cm

In einer 50 cm tiefen türkis-blauen Keramikschale mit 70 cm Durchmesser kommen unter

① 3 Tannenwedel *(Hippuris vulgaris)*,

② 1 Blutweiderich *(Lythrum salicaria)*,

③ 1 Breitblättriges Pfeilkraut *(Sagittaria latifolia)*,

④ 1 Seekanne *(Nymphoides peltata)*

⑤ und als Schwimmpflanze 1 Krebsschere *(Stratiodes aloides)*.

Weil alle verwendeten Pflanzen heimisch und damit winterhart sind, brauchen sie in der kalten Jahreszeit keine besondere Pflege. Während des Sommers müssen immer wieder verblüh-te Triebe abgeschnitten und ausgeputzt werden. Geben Sie dem wüchsigen Blutweiderich und dem Pfeilkraut einen Lang-zeitdünger als Vorratsdüngung in den Topf, dann werden die Pflanzen üppiger blühen.

Gestaltungs- vorschlag 3

Wasserstand 20–30 cm

Die 40 cm tiefe grüne glasierte
Keramikschale hat einen Durchmesser von 60 cm. Hier finden

① 3 Hechtkräuter *(Pontederia
  cordata)*,

② 2 Rohrkolben *(Typha angustifolia)*,

③ 1 Gelbe Wasserschwertlilie
  (Iris pseudacorus),

④ 1 Sumpfdotterblume *(Caltha
  palustris)* und

⑤ 3 Sumpf-Vergissmeinnicht
  (Myosotis palustris) Platz.

Die Pflanzen in diesem Gefäß
sind so ausgewählt, dass vom
zeitigen Frühjahr bis zum Herbst
immerzu etwas blüht. Blaues
Sumpf-Vergissmeinnicht und
die Sumpfdotterblume bilden
mit ihren zarten Blüten einen
wirkungsvollen Kontrast zum
aufrecht strebenden Wuchs der
übrigen Wasserpflanzen.

Gestaltungs-vorschlag 4

Wasserstand 30–50 cm

Das halbierte Whiskyfass mit 70 cm Durchmesser und 60 cm Höhe ist wie folgt bepflanzt:

① 3 Blumenbinsen *(Butomus umbellatus)*,

② 1 Japan-Iris *(Iris ensata)*,

③ 1 Gelbe Wasserschwertlilie *(Iris pseudacorus)*,

④ 1 Breitblättriges Pfeilkraut *(Sagittaria latifolia)*

⑤ und als Schwimmpflanze 3 Pflanzen der duftenden Wasserähre *(Aponogeton distachyos)*.

Schnuppern Sie einmal an den angenehm duftenden weißen Blüten der Wasserähre! Das halbierte Whiskyfass beherbergt robuste und zugleich schöne Pflanzen. Besonders die majestätische Japan-Iris ist ein edles Kleinod aus Fernost. Wichtig: die Wasserähre verträgt nur leichte Fröste und braucht Winterschutz.

Gestaltungs-vorschlag 5

Wasserstand 30–50 cm

In einem halbierten Whiskyfass von 60 cm Durchmesser und 50 cm Höhe breiten sich die kirschrosa Blüten von ① 3 Sumpf-Vergissmeinnicht *(Myosotis palustris)* lockern die Zusammenstellung auf.

② 1 Blutweiderich *(Lythrum salicaria)* lockt viele Schmetterlinge an,
③ die langen Blätter von 1 Gelber Sumpfschwertlilie *(Iris pseudacorus)* und
④ die zierlichen Quirle von Zyperngras *(Cyperus alternifolius)* streben in die Höhe.
⑤ Unter Wasser sorgt 1 Hornkraut *(Ceratiphyllum demersum)* für Sauerstoff.

⑥ 3 Seekannen *(Nymphoides peltata)*,
⑦ 1 Seerose Nymphaea 'James Brydon'.
Seerosen der großblütigen rosa Sorte 'James Brydon' fühlen sich in diesem großen und tiefen Whiskyfass besonders wohl. Auch die übrige Bepflanzung ist üppig und blüht zusammen mit Sumpf-Vergißmeinnicht und Blutweiderich bis spät im Herbst.

① 3 Rohrkolben *(Typha angu-stifolia)*,

② 1 Bachminze *(Mentha aquatica)*,

③ 3 Bachbunge *(Veronica beccabunga)*,

④ 1 Igelkolben *(Sparganium erectum)*,

⑤ 2 Sumpfdotterblume *(Caltha palustris)*

⑥ und als Schwimmpflanze 1 Seerose *(Nymphaea 'Rosennymphe')*.

⑦ 3 Hechtkräuter *(Pontederia cordata)* sind mit ihren blauen Blütenständen Blickfänge im Sommer.

⑧ 2 Sumpf-Vergißmeinnicht *(Myosotis palustris)* sind Dauerblüher und

⑨ 1 Krebsschere *(Stratiodes aloides)* belebt das Wasser.

Der reich bepflanzte Hochteich ist eine Attraktion für Balkone und Terrassen. Sitzt man auf einem Stuhl, kann man die zahlreichen Blüten bequem in Augenhöhe betrachten. Schon im Mai beginnt der Flor mit Sumpfdotterblumen und endet im Herbst mit haltbaren Rohrkolben. Alle Pflanzen sind winterhart.

Gestaltungs-vorschlag 6

Wasserstand 10–50 cm

Für einen 60 cm hohen Hochteich in den Maßen 90x120 cm ist diese Pflanzenwahl (alles in Gefäßen) gedacht:

Gestaltungs-vorschlag 7

Wasserstand 30 cm
Ein 40 cm hoher Terrassenteich in den Maßen 90x90 cm wird bepflanzt mit

① 3 Gauklerblumen *(Mimulus luteus)*,
② 3 Zwerg-Rohrkolben *(Typha minima)*,
③ 3 Pfennigkraut *(Lysimachia nummularia)*,
④ 1 Seerose (Nymphaea 'Froebelii').

Der kleine Terrassenteich lässt Raum für eine blinkende Wasserfläche, auf der sich die tiefrosa Zwerg-Seerose 'Froebelii' ungestört ausbreiten kann. Die Gauklerblume blüht monatelang, wenn man durch Zurückschneiden der Samenstände die Blühwilligkeit immer wieder aufs Neue anregt.

Gestaltungs-vorschlag 8

Wasserstand 10 cm
Ein noch wasserdichter Balkon-kasten von 80 cm Länge enthält
① 2 Zwerg-Seerosen (*Nymphaea tetragona*) und

② 3 weiße Wasserähren (*Apo-nogeton distachyos*),
③ dazwischen schwimmend 7 Wassersalat (*Pistia stratio-des*).

Ein Balkonkasten als Miniteich? Das ist ungewöhnlich. Dabei sieht er mit seinen tropischen

Pflanzen bezaubernd aus und blüht über den ganzen Sommer. Alle Pflanzen bleiben niedrig und können deshalb auch an wind-gefährdeten Stellen gedeihen, solange sie volle Sonne genie-ßen. Kommt der Winter, ziehen die Pflanzen samt Kasten um an einen frostfreien, hellen Platz.

Gestaltungs-
vorschlag 9

Wasserstand 10 cm

Ein wasserdichter Balkonkasten
von 100 cm Länge ist bepflanzt
mit

① 8 Wasserhyazinthen *(Eich-*
hornia crassipes),

② 3 Sumpf-Vergissmeinnicht
(Myosotis palustris) und

③ 3 Wassermohn *(Hydrocleys*
nymphoides).

Auch dieser längere Balkonkasten liebt einen sonnigen, warmen
Platz und braucht entsprechenden Frostschutz im Winter. Die
blauen Wasserhyazinthen breiten

sich bald schwimmend aus, wobei man den Aufbau dieser
schönen und besonders interes-
santen Tropenpflanze gut beobachten kann. Aus der bauchigen,
luftgefüllten Schwimmblase erhebt sich ein imposanter Blüten-
stand. Die Nährstoffe werden
mit üppigem Wurzelbart aus
dem Wasser gefiltert.

Gestaltungs-
vorschlag 10

Wasserstand 30 cm

Eine Keramikschale von 40 cm Durchmesser und 10 cm Tiefe wird als Moorbeet/Sumpfbeet bepflanzt mit Moos (*Sphagnum* o.ä.) und insektenfressenden Pflanzen:

① 1 Schlauchpflanze *(Sarracenia purpurea)*,
② 3 Sonnentau *(Drosera rotundifolia)*,
③ 2 Fettkraut *(Pinguicula vulgaris)*.

Das Mini-Moorbeet ist wie geschaffen für ungewöhnliche Pflanzenraritäten, die eine besonders saure Erde benötigen.

Trotz ihrer exotischen Erscheinung sind alle Pflanzen winterhart und kommen mit einer leichten Abdeckung durch Reisig zurecht. Während Sonnentau und Fettkraut aus deutschen Mooren stammen, sind die auffälligen Schlauchpflanzen *(Sarracenia)* in Nordamerika und Kanada zu Hause.

Gestaltungsvorschlag 11

Wasserstand 10–15 cm.
Ein flacher Steintrog in den
Maßen 60 cm x 50 cm und 25 cm
tief enthält lange blühende
Sumpfstauden wie

① 3 Blutweiderich,

② 2 blaue Lobelien *(Lobelia
   syphilitica)*,

③ 1 Zypergrassegge *(Carex
   oseudocyperus)*,

④ 3 Pfennigkraut *(Lysimachia
   nummularia)*,

⑤ 1 Sumpf-Vergissmeinnicht
   (Myosotis palustris).

⑥ Kardinalslobelie *(Lobelia
   cardinalis)*

Sumpf ist Trumpf auch in diesem flachen Steintrog. Die verwendeten Pflanzen sind besonders pflegeleicht. Wie immer
unter feuchten Teichrandbedingungen können sie sowohl ständig im Wasser stehen als auch
mit normal feuchten Bedingungen leben. Blaue und rote Lobelien sind seltene Gäste in unseren Gärten, aber sie zieren über
lange Spätsommerwochen. Vielseitig verwenden lässt sich auch
das gelb blühende Pfennigkraut, das die Ränder auf dekorative Weise überwallt und
sogar untergetaucht dichte Polster bilden kann.

Gestaltungsvorschlag 12

Wasserstand 10–30 cm.
Ein kleiner Fertigteich in den
Maßen 80x105 und 40 cm tief
wird mit südlichen wärmeliebenden Pflanzen bestückt:
① 3 Indisches Blumenrohr
   (Canna indica),
② 3 Kardinalslobelie *(Lobelia
   cardinalis)*,
③ 3 Zyperngras *(Cyperus alternifolius)*,
④ 3 tropische Seerosen
   (Nymphaea × daubenyana),
⑤ 1 Hechtkraut *(Pontederia
   cordata)*,
⑥ als Schwimmpflanzen 5 Wasserhyazinthen *(Eichhornia
   crassipes)*,
⑦ 3 Wassersalat *(Pistia stratiodes)*.

Üppig und farbig geht es zu in
diesem kleinen Fertigteich, der
gut an eine Terrasse passt oder
als zierendes Element in einem
Innenhof. Das Indische Blumenrohr *(Canna indica)* kennen wir
als reich blühende Rabatten-
pflanze in normal feuchten Beeten. In seiner Heimat ist es in
Sümpfen zu finden und kann
auch ständig im flachen Wasser
stehen.

Miniteiche auf Balkon und Terrasse

Balkon und Terrasse sind bevorzugte Aufenthaltsorte, denen ein wenig Gartenatmosphäre durch in Gruppen angeordnete Miniteiche oder Tröge gut bekommt. Es müssen nicht nur die beliebten halbierten Fässer sein. Groß ist das Angebot an **Pflanzschalen** aus glasierter wasserdichter Keramik, die je nach Geschmack eine edle, folkloristische oder fernöstliche Atmosphäre vermitteln. Einfach zu handhaben sind die flotten, pfiffigen Eimer, Schalen oder Wannen aus Zink. Ihr Vorteil ist das **geringe Gewicht**, denn bevor man eine größere Wasserlandschaft einrichtet, sollte man an die **Tragfähigkeit** denken. Bei wenigen Schalen ist dies nicht problematisch, kann aber bei schweren Trögen eine Rolle spielen. Bringen Sie Pflanzkästen und Tröge nicht in der Mitte der Fläche, sondern am Rand unter. Flache **Balkonkästen** auf Brüstungen sind windgefährdet und bieten wenig Wasserstand. Wählt man jedoch tiefere Kästen mit Wasservorrat (die Einlage kann man entfernen), gedeihen darin schöne Schwimmpflanzen. Ob blaue Wasserhyazinthen,

duftende Wasserähren oder die dekorativen Blätter des Wassersalats, man kann man sie in Augen- und Nasenhöhe intensiv genießen.

Das Bepflanzen

Füllen Sie 5–10 cm hoch eine Schicht Wasserpflanzenerde ein und gestalten Sie mit den Pflanzen nach Herzenslust. Austopfen ist nicht unbedingt nötig. Man kann sie ganz einfach in den Verkaufstöpfen lassen und die Zwischenräume mit Zierkies, Seramis oder Blähtonkügelchen füllen.

Kombinieren Sie die Pflanzen gefällig nach Wuchsformen und Blütezeiten, damit den ganzen Sommer etwas blüht. Dem Auf-

Das kleine selbstgebaute Sumpfbeet fügt sich durch die gleiche Farbe wie selbstverständlich in die rustikale Umgebung auf der Terrasse ein.

Das Münz- oder Pfennigkraut ist nicht nur wüchsig, sondern auch besonders anpassungsfähig. Der Bodendecker überwallt Ränder und Kanten und blüht im Juni.

Mühlsteinbrunnen und Wasserspiele

Zum Gräsergarten, in den Staudengarten und in die nächste Umgebung des Hauses passen Wasserglocken, Quellsteine und Schaumsprudler. Die meisten werden im oder neben dem Gartenteich installiert. Tröge, Stelen oder Mühlsteinbrunnen können auch separat an der Terrasse oder am Eingang stehen.

Die unterirdisch verborgenen **Auffangbehälter** mit der Technik (Pumpe, Zuleitungen, Wasser) samt abschließender Abdeckplatte sind **kindersicher** und können deshalb auch in Vorgärten stehen. Nach ihrem Vorbild werden auch andere Wasserspiele eingebaut, die scheinbar im Trockenen stehen.

Von der **Konstruktion** ist nichts zu sehen, denn sie lassen sich gefällig mit niedrigen Sträuchern, mit Polsterstauden, Rosen und Lilien kombinieren oder mit zierlichen Gräsern in ihrer Wirkung vervollkommnen. Auch schöne Bachkiesel, mitgebrachte Steine oder Muscheln von einem Spaziergang am Meer wecken angenehme Gefühle, und verstärken die beruhigende Wirkung des Wassers. Gewaschener Kies in grober Sortierung oder Schotter sind weitere Alternativen.

takt mit Sumpf-Dotterblumen und Rosenprimeln folgen bald Gelbe Wasserschwertlilien, Hahnenfuß, Iris und Gauklerblumen. Im Sommer ist Seerosenzeit, aber auch Blumenbinsen und Pfeilkraut, Gräser und Lobelien setzen markante Höhepunkte. Dauerblüher sind Wasserhyazinthen, Sumpf-Vergissmeinnicht und Wasserähre.

Genießen Sie Ihr kleines Wasserparadies! Doch Achtung: volle **Sonne** den ganzen Tag über ist wenig günstig für die Pflanzen in den Gefäßen. Vor allem, wenn sich darin noch Fische befinden, wird im zu stark erwärmten Wasser bald der Sauerstoff knapp. Ein Schirm, der die Miniteiche in der Mittagshitze vor dem Ärgsten bewahrt oder Schatten durch hohe Gehölze gleichen extreme Situationen aus. Fische und empfindliche Wasserpflanzen, auch Seerosen, müssen die Winter über an frostfreier Stelle verbringen. Unter den exponierten Verhältnissen auf dem Balkon würden sie im Freien nicht lange überleben.

Verzichten Sie nicht auf den Blutweiderich, denn er blüht ab Sommer lange bis in den Herbst und lockt zahlreiche Schmetterlinge an, die man aus nächster Nähe betrachten kann.

Minigarten mit Feenteich

Harry Potter lässt grüßen. Das Reich der Elfen und Feen macht auch vor den Gärten nicht Halt. Ob gruselige Monster, Gargoyles oder seltsame Drachen – mit **Figuren** aus Keramik, Bronze oder Messing lässt sich auch in kleinsten Gärten je nach Geschmack ein fantasiereiches Feenreich schaffen. Halten wir es mit den zarten Elfen und märchenhaften Feen, kann dieses sehr romantisch sein. Dieser kleine Wassergarten in kreisrunder Form passt sowohl in die Sonne als auch in den Schatten.

Ganz im Trend liegt der kleine Feengarten. Die flache Grube ist mit Folie ausgelegt, darauf kommen Schotter und spiralförmig geordnete Kiesel. Feenmoos treibt im Wasser.

Die Gestaltung ist einfach

- Eine kreisrunde schüsselförmige Schale (Vorbild ist eine Satellitenschüssel) von 150–250 cm Durchmesser ausgraben und sorgfältig formen.
- Mit 0,5 mm Teichfolie auslegen. Damit sich der Teich nicht entleert, die Ränder als Kapillarsperre senkrecht nach oben stellen und die Folie erst ganz zum Schluss abschneiden.
- Die kreisrunde flache Schüssel aus Folie nun mit einer Schicht Schotter auslegen und damit die Ränder verdecken.

- Wer will, kann das 30 cm flache Teichbett mit einer weißen Kiesel-Spirale auslegen und am Teich zarte Elfenfiguren zufügen.
- Auf dem Wasser treibt feines Feenmoos (Azolla caroliniana), das sich bald weiter ausdehnen wird.

Ist Ihnen das nicht genug, können Sie entweder eine kleine **Fontäne** oder eine **Wasserglocke** in die Mitte setzen oder eine bis drei Zwergseerosen einsetzen.

Zur märchenhaften Stimmung trägt die **umgebende Bepflanzung** bei mit zarten, duftigen Gewächsen wie hängendem Blauregen oder zartblauen Clematis 'Prince Charles' im Hintergrund, blauen Akeleien, Frauenmantel (gelbgrün), duftigem

Schleierkraut, rosa Tränenden Herzen, fernöstlichen Etagenprimeln (Primula japonica), duftig-weißem Sternmoos (Sagina subulata) oder rosa Bodendecker-Rosen 'Heidetraum'.

Der Trick mit dem Spiegel

Ist der Garten klein und die Grenze zum Nachbarn nah, kann man ihn mit einem Spiegel im Hintergrund optisch vergrößern. Die kleine Wasserfläche samt umgebenden Pflanzen wirkt dann wie ein weit größerer Garten. Dieser gestalterische Trick hat sich besonders gut bei kleinen Grundstücken, in Ecken oder an Wegen bewährt, die vor Mauern enden. Für den Betrachter geht der Garten noch weiter, ein überraschender Effekt.

Ernten Sie mal im Gartenteich

Die würzige und vitamin-C-reiche **Brunnenkresse** *(Nasturtium officinale)* ist eine heimische Wasserpflanze, die man leicht im Gartenteich kultivieren und den Sommer über ständig abernten kann. Sie wird gerne als pikante Würze verwendet und ergibt auch für sich einen kräftigen, angenehm schmeckenden Salat.

Die vitaminreiche, schmackhafte Brunnenkresse kann man leicht in Schalen, Gefäßen oder in wasserdichten Balkonkästen ziehen.

Obwohl ursprünglich in Bächen zu Hause, braucht sie kein fließendes Wasser. Sogar im gewöhnlichen Topf mit Untersetzer oder in einem formschönen Übertopf und im Balkonkasten gelingt die Kultur. Man kann entweder Pflanzen vom Markt kaufen und die Spitzen als Stecklinge in das feuchte Substrat stecken, wo sie sofort Wurzeln schlagen oder sie aus Samen ziehen.

Brunnenkresse im Balkonkasten

- Ein wasserdichter Balkonkasten wird bis 3 cm unter dem Rand mit Erde gefüllt, der Samen fein verteilt, angedrückt und durchdringend gewässert.
- Nach dem schnellen Aufgang werden die kleinen Pflanzen ständig überstaut.

Die beste Aussaatzeit ist im Frühjahr und im Sommer. Wählen Sie einen schattigen Standort, zum Beispiel auf einem Nord-Balkon. Eine leichte Flüssigdüngung alle 2 Wochen genügt. Geerntet werden die Triebspitzen und Blätter vor der Blüte. Sofort bilden sich neue. Brunnenkresse hat einen besonders hohen Vitamin C-Gehalt und schmeckt ähnlich wie Gartenkresse.

Leckeres von der Kräuterspirale

Eine Kräuterspirale (Kräuterschnecke) ist aus Steinen in Schneckenform so aufgeschichtet, dass viele Kräuter auf kleinstem Raum einen Platz mit den für sie passenden Boden- und Lichtverhältnissen finden. Das beliebte Gestaltungselement passt auch in »ordentliche« Gärten und ersetzt das übliche Kräuterbeet.

- Oregano, Ysop, Lavendel, Thymian und Staudenbohnenkraut lieben die **Sonne** und finden deshalb hoch oben in südlicher Richtung einen Platz.
- Schnittlauch, Liebstock, Petersilie und Zitronenmelisse kommen mit **halbschattigen Bedingungen** zurecht,
- während Brunnenkresse, Baldrian, Fieberklee und die so beliebten Minzearten nasse Verhältnisse brauchen.

Sie lassen sich leicht am Fuße des Bauwerks und dort wo die Sonne scheint, mit einer eingesenkten größeren Schale, einem kleinen Fertigteich oder aus Folie schaffen. Mit der Folie sind unregelmäßige Formen und auch Tiefen möglich, was zum Stil einer Kräuterspirale passt.

Moor mit schmackhaften Beeren

Steht mehr Platz zur Verfügung, bietet ein Moorbeet weitere interessante Varianten. In nordamerikanischen Mooren sind die Kulturheidelbeeren zu Hause, auch Kulturpreiselbeeren und die nahestehenden Cranberrys. Alle tragen nicht nur sehr leckere Früchte in Mengen, sondern sind auch im normalen Garten nur mit Schwierigkeiten zu kultivieren.

Saurer Boden, viel **Feuchtigkeit** und dazu noch volle **Sonne** sind ihre Ansprüche. Heidelbeeren und Preiselbeeren sind hübsche Ziersträucher mit einer üppigen Blüte im Frühjahr und blauen, süßen oder feuerroten Früchten.

Hinzu kommt bei den Blaubeeren eine leuchtend rote Färbung des herbstlichen Laubes. Bei den bodendeckenden Preiselbeeren ist das dunkelgrüne, glänzende Blattwerk immergrün.

Dem Zier-Obstgarten im Moor kann man noch Himbeeren und die länglichen süßen Taybeeren hinzufügen sowie als Bodendecker aromatische Walderdbeeren. Damit gibt es Dauerernten vom Sommer (Heidelbeeren) über Herbst (Himbeeren) bis zum Winter (Preiselbeeren, Cranberries). Alle kommen mit saurem Torf- oder Waldhumusboden gut zurecht.

Pflanzvorschlag

Moorbeet mit Nutzcharakter, Fläche 5 x 3 Meter, vollsonnig gelegen

① 5 Kulturheidelbeeren *(Vaccinium corymbosum* 'Bluecrop')
② 5 Rotfrüchtige Heidelbeeren *(Vaccinium parviflorum)*
③ 15 Kulturpreiselbeeren *(Vaccinium vitis-idaea* 'Koralle')
④ 15 Zwergpreiselbeeren *(Vaccinium vitis idae* 'Minus')
⑤ 10 Cranberries *(Vaccinium macrocarpon)*
⑥ 10 Himbeeren 'Autumn Bliss'
⑦ 3 Rippenfarne *(Blechnum spicant)*
⑧ 20 Walderdbeeren *(Fragaria vesca)*

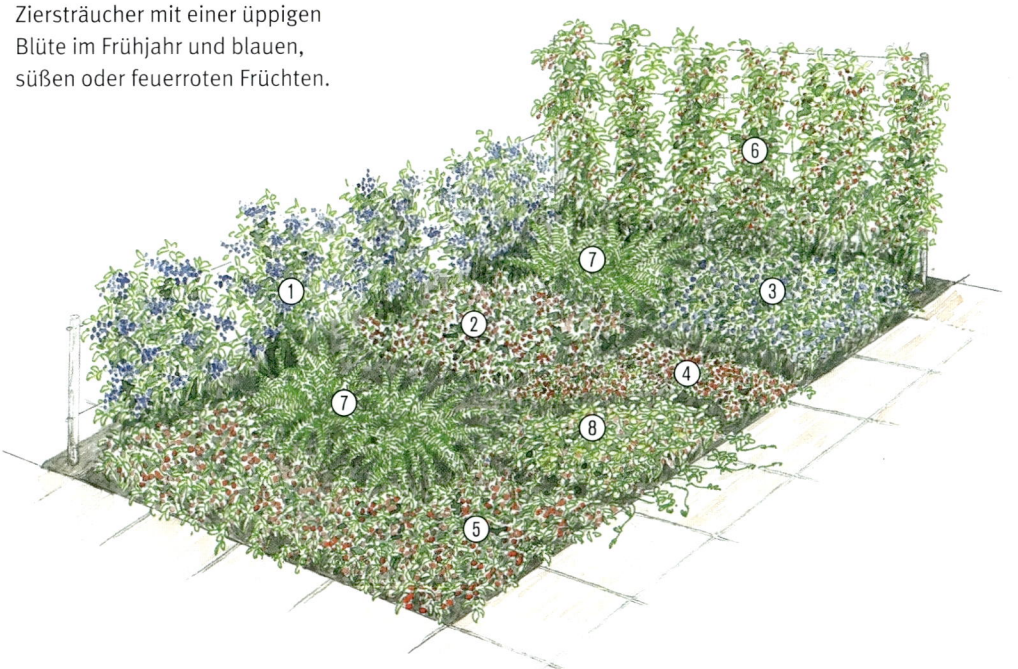

Der Rundblättrige Sonnentau gehört zu den heimischen »fleischfressenden« Moorbeetpflanzen.

Ein Moorbeet mit Raritäten

Klein aber fein – so kann ein Moorbeet sein. Oft passt es in größeren Gärten nirgends hin, geht als Anhängsel eines Gartenteichs unter oder ist im Sumpfgebiet immer in Gefahr, bei starkem Regen überschwämmt zu werden und damit seine speziellen, extra sauren Verhältnisse zu verlieren. Mit einem gesonderten Moorbeet – aus Folie gebaut oder in einem Fertigteich

angelegt, kann man die richtigen Bedingungen schaffen, in denen fleischfressende Pflanzen (Carnivoren) wie Fettkraut (Pinguicula vulgaris), Sonnentau (Drosera rotundifolia) oder die seltsam aussehenden Schlauchpflanzen (Sarracenia flava, S. purpurea, S. alata) gedeihen, von denen es neben frostempfindlichen Arten aus Florida auch kanadische winterharte Arten gibt. Moorpflanzen sind von jeher besonders reizvoll. Die karge Vegetation in verlandenden Teichen, Sümpfen und in Mooren hat botanische Schätze hervorgebracht, die das Hinsehen lohnen. Nicht alle sind so prächtig wie der heimische blaue Lungenenzian (Gentiana pneumonanthe), heimische Orchideen wie Knabenkraut (Dactylorhiza majalis), Kulturarten wie Dactylorhiza-Hybriden) oder das silbrig-weiße Wollgras (Eriophyllum), das im Frühling auffällig blüht.

Der richtige Boden

Er ist für das Gedeihen dieser exklusiven Pflanzengesellschaft entscheidend wichtig. **Extrem nährstoffarm** und so **sauer** wie verdünnter Essig muss das Substrat sein. **Fasertorf** ohne jeden Dünger oder Kalk und mit einem pH-Wert von 4,5–5 ist zum Befüllen des kleinen Beetes

Auch die Schlauchpflanzen (Sarracenia) bessern ihren kargen Speisezettel mit Mücken und Kleininsekten auf. Eine ungewöhnliche Zierde auf dem Gartentisch!

Pflanzvorschlag

Moorbeet in einem Fertigteich

Fertigteich Länge 200 cm, Tiefe 50 cm, gefüllt mit feuchtem Torf.

① 5 Fettkräuter
  (Pinguicula vulgaris)
② 1 Porst *(Ledum palustre)*
③ 3 Lungenenzian
  (Gentiana pneumonanthe)
④ 5 Knabenkraut-Orchideen
  (Dactylorhiza maculata)
⑤ 5 Sonnentau
  (Drosera rotundifolia)
⑥ 5 Sonnentau
  (Drosera intermedia)
⑦ 10 Sumpf-Vergissmeinnicht
  (Myosotis palustris)
⑧ 3 Schlauchpflanzen
  (Sarracenia purpurea)
⑨ 1 Fieberklee
  (Menyanthes trifoliata)

gerade richtig. Torf mit solchen Qualitäten gibt es problemlos zu kaufen. Wichtig ist jedoch, dass auch später keine Nährstoffe von umliegenden Beeten oder über das Wasser in dieses Substrat gelangen.

Getrennte Verhältnisse

Ganz gleich, ob Sie das Moorbeet in einem kalkhaltigen oder sandigen Boden anlegen: Ein gesondertes Behältnis mit einem Rand, der über die Umgebung ragt, ist für ein Moorbeet wichtig.

Sie können dazu einen **Brunnenring** verwenden, der mit Folie ausgeschlagen wird, einen formschönen **Fertigteich** oder ganz einfach eine **Folie**.
Graben Sie hierfür eine genügend große und 30–50 cm tiefe Teichmulde, kleiden Sie sie mit einer Teichfolie aus und füllen Sie alles mit reinem Torf. Falls weiches Wasser zur Verfügung steht oder Regenwasser aus der Sammeltonne, kann eine schwache Pumpe dazu eine Quelle in Betrieb setzen.

Moorbeetpflanzen					
Deutscher Name	**Botanischer Name**	**Blüte**	**Farbe**	**Höhe cm**	**Bemerkungen**
Insektenfressende Pflanzen					
Fettkraut	*Pinguicula vulgaris*	Mai–Sept.	rosa	15	klebrige Blätter
Schlauchpflanze	*Sarracenia purpurea*	Mai–Sept.	grün–rot	30	winterhart
Sonnentau	*Drosera rotundifolia*	Mai–Sept.	weiß–rosa	10	klebrige Tentakeln
Nicht insektenfressende Pflanzen					
Besenheide	*Calluna vulgaris*	Aug.–Sept	violett	25	Rückschnitt im Herbst
Fieberklee	*Menyanthes trifoliata*	April–Mai	weiß	25	braucht Platz
Glockenheide	*Erica tetralix*	Juni–Sept.	rosa	20	braucht Sonne
Knabenkraut	*Dactylorhiza maculata*	Mai–Juni	dunkelrosa	30	Orchidee
Lungenenzian	*Gentiana pneumonanthe*	Juli–Sept.	blau	30	attraktiv
Moosbeere	*Vaccinium oxycoccos*	Juni–Sept.	rosa	20	rankende Triebe
Porst	*Ledum palustre*	Mai–Juni	weiß	40	duftet
Preiselbeere	*Vaccinium vitis-idae*	Aug.–Okt.	Zartrosa	25	rote Beeren
Rosmarinheide	*Andromeda polifolia*	Mai–Aug.	rosa	25	keine Staunässe
Rippenfarn	*Blechnum spicant*	–	–	30	Schatten
Schaumkraut	*Cardamine pratensis*	April–Mai	zartrosa	30	keine Staunässe
Sumpfveilchen	*Viola palustris*	Mai–Juni	violett	10	Bodendecker
Wollgras	*Eriophorum angustifolium*	April–Mai	weiß	25	immer feucht

In einem solchen kleinen Umfeld, an einer sonnigen Stelle gelegen, werden sich die Moorraritäten inmitten von Baumstümpfen, Moorholz oder dekorativen Wurzeln besonders wohlfühlen. Legen Sie das Moorbeet in der Nähe eines Weges an oder am Sitzplatz, damit man den Insektenfang durch die Überlebenskünstler im Moor gut beobachten kann.

Moorbeetpflanzen

Die meisten Moorbeetpflanzen vertragen Sonne, genügend Feuchtigkeit vorausgesetzt, jedoch keinen intensiven Schatten. Das Moorbeet kann isoliert dastehen oder in einem Gartenteich eingefügt werden. Noch besser, wenn es sich eine passende Pflanzengemeinschaft aus Rhododendren, Kiefern,

Stauden, Bodendeckern, Gräsern und Farnen einfügen kann. Im sauren Moorboden fühlen sich übrigens viele der schönsten **Gartenpflanzen** wohl: Immergrüne wie Rhododendren, Stechpalme *(Ilex),* Lavendelheide *(Pieris),* Lorbeerrosen *(Kalmia),* Gaultherien, Torfmyrte *(Pernettya),* Preiselbeeren, Skimmien, Strauchveronika, Heidekräuter *(Calluna* und *Erica),* Azaleen, die vielen Farne und Ziergräser. Eine besondere Attraktion ist der himmelblaue Himalaya-Mohn *(Meconopsis)*.

Hinzu kommen **einheimische Gehölze** wie Zwergbirke *(Betula nana)*, Weiden, Erlen und **Sumpf- und Wasserpflanzen** wie die leuchtendgelbe Wasseriris *(Iris pseudacorus)*, die blaue Sibirische Iris *(Iris sibirica)*, der seltene Porst *(Ledum palustre)*, Blutweiderich *(Lythrum salicaria)*, Rohrkolben *(Typha-Arten)* und Fieberklee *(Menyanthes trifoliata)*.

Die Sibirische Iris blüht üppig sowohl im Sumpf als auch am Teichrand auf normal feuchtem Boden.

Eine typische Pflanze der Moore ist das Wollgras mit seinen silbrigen Samenständen. Es ist sogar in kleinsten Gefäßen attraktiv.

Knabenkraut gibt es in Gärtnereien oder sogar im Versandhandel aus kulitivierten Beständen, teilweise sogar Sorten davon. Das Entnehmen aus der Natur ist strengstens verboten.

Insel im Teich

Mancher Teichbesitzer träumt von einer Insel im Teich. Wird sie gleich bei der Anlage ausmodelliert und mit der Teichfolie überzogen, stellt dies keine größeren Probleme. Achten Sie jedoch darauf, dass sie zur Pflege trockenen Fußes oder zumindest mit Gummistiefeln erreichbar sein muss, sie darf sich also nicht an einer tiefen Stelle befinden. Auch gilt es beim Modellieren zu berücksichtigen, dass der Pflanzraum für dort vorgesehene Uferrandpflanzen eine gewisse Tiefe braucht (ca. 20–30 cm), auch wenn später noch angehöht wird.

Eine **treibende Insel**, die mit einem Tau in ihrer Position gehalten wird, ist etwas für Bastler. Man braucht einen Rahmen, den man aus größeren 6–10 cm dicken **Styroporplatten** heraussägen oder zusammenfügen kann. Mit Teichfolie wird das Ganze um-

Eine selbst gebaute Insel im Teich ist ungewöhnlich, aber reizvoll. Styroporplatten, Bretter und Folie waren hier die Baumaterialien.

hüllt und mit Erdsubstrat aufgefüllt und bepflanzt.

Treffen Sie für beide Lösungen Vorkehrungen, damit die Uferrandpflanzen auf der Insel nicht austrocknen. Hierfür sind Böschungs-Taschen aus Jutegewebe geeignet, die man nach Belieben mit Erde befüllen und bepflanzen kann. Sie saugen nach dem Kapillarsystem Wasser an und werden in kurzer Zeit von überhängenden Pflanzen

Viele Regenwaldbewohner kommen mit erstaunlich wenig Licht zurecht. Soll es allerdings im Winter blühen, ist eine Zusatzbelichtung mit Pflanzenleuchten und Energiesparlampen (jedoch keine Halogenleuchten) angebracht.

wie Frauenmantel *(Alchemilla)* oder dem gelb blühenden und kriechend wachsenden Pfennigkraut *(Lysimachia nummularia)* überdeckt.

Wasser im Wintergarten

Hotels, Cafes und Fitnesscenter faszinieren ihre Besucher gern durch großzügige Innenraumbegrünung, wobei das Wasser eine wichtige Rolle spielt. Wasserfälle schaffen eine traumhafte Tropenatmosphäre und rund um gemauerte Becken finden wir viele der gewohnten farbenprächtigen Zimmerpflanzen wieder. Im viel kleineren Wintergarten besteht meist ein Platzproblem, das sich allerdings bei

frühzeitiger und geschickter Planung lösen lässt.

Sind **ebenerdige Grundbeete** vorgesehen, kann man dort leicht bepflanzte Fertig- oder Folienteiche integrieren oder formschöne Keramikgefäße zwischen den Pflanzen versenken. Schnell werden sie sich zum Bestandteil der kleinen Urwaldlandschaft entwickeln.

Mehr Möglichkeiten bieten **erhöhte Beete** aus Mauerwerk, die mit Wasserspielen oder Miniwasserfällen kombiniert, interessante Hingucker ergeben. Stimmungsvoll wird es dann bei abendlicher Beleuchtung.

Wie Zimmerbrunnen verbessern Wasserglocken, Springbrunnen, Nebler und leise gluckernde Schaumsprudler die Luftfeuchtigkeit und machen den Aufenthalt zu einem entspannenden Erlebnis. Ein **nachträglicher Einbau** kann teuer werden, auch gibt es kaum größere Gefäße, in denen sich eine passende Pflanzenkombination unterbringen lässt. Die besten Erfahrungen haben wir mit einfachen **Wäschekörben** gemacht, die es in verschiedenen Größen gibt. Sie passen zu exotischen Rattanmöbeln aus Fernost und vermitteln Wohnatmosphäre.

Mit Folie ausgeschlagen, verbergen sie die stabilen Gefäße mit

Zimmerbrunnen erhöhen die Luftfeuchtigkeit – ideal für tropische Pflanzen.

Wasserpflanzen und können auch noch rundum Zimmerpflanzen in Töpfen aufnehmen, so dass sich eine Minilandschaft ergibt. Stellt man die Körbe noch auf **Pflanzenroller,** kann man sie zum Säubern bequem hin- und herschieben.

Schädlinge im Wintergarten

Verzichten Sie im Wintergarten auf Erde oder Pflanzsubstrate so weit es geht, denn sie bieten Schädlingen wie Asseln, Draht-

würmern, Schnecken, Fruchtfliegen, Trauermücken oder gar dem Dickmaulrüssler zahlreiche Verstecke und Brutstätten. Auch Moose und Unkräuter siedeln sich leicht an.

Die hygienischere Methode: Lassen Sie alle Pflanzen in ihren Gefäßen, so dass man sie leicht austauschen, umtopfen oder behandeln kann. Versenken Sie die Pflanzen in Tongranulat oder Blähtonkügelchen. Diese sterilen Materialien speichern in gewissem Maße Wasser und erhöhen die Luftfeuchtigkeit, was nicht nur Orchideen und Bromelien sondern allen Zimmerpflanzen gut bekommt.

Die richtige Temperatur

In einem Wohnwintergarten sind Temperaturen zwischen nachts 15°C und tagsüber 20–25°C angenehm und bekommen tropischen Pflanzen ausgezeichnet, denn dies entspricht den ganzjährig warmen Bedingungen in ihrer Heimat.

Lassen Sie Ihrer Fantasie freien Lauf und kombinieren Sie Birkenfeigen, Gummibäume oder Palmen im Hintergrund mit traumhaft schönen Seerosen, Zypergras und Papyrus, Zimmercalla, Wasserhyazinthen und Wassermohn.

Kühle **frostfrei gehaltene Wintergärten** sind bestens zum Überwintern von Wasserpflanzen in Gefäßen geeignet, doch sie lassen kaum Wachstum und Blüten zu. Für japanische Wasserspiele wie Tsukubai und Wasserschaukel kombiniert mit Azaleen, Bambus, Zwergkiefern und Primeln bieten sich hier ideale Gestaltungsmöglichkeiten.

auf einen blick

- Ob rustikal oder mit eleganten Materialien - der Miniteich muss nicht aufwändig sein und kann sich auf wenige Gestaltungselemente beschränken.
- Soll die kleine Wasserlandschaft auf Dachgärten, Balkonen oder Terrassen entstehen, ist auf die nötige Tragfähigkeit zu achten. Wichtig: Entscheidend ist das Gewicht nach Dauerregen. Am besten werden die schwersten Gefäße in der Nähe tragender Mauern platziert, die leichten in der Mitte.
- Auch für Naschkatzen bieten Miniteiche gute Alternativen. Von der Brunnenkresse bis zu vitaminreichen Cranberries und Preiselbeeren kann man vom Sommer bis zum Herbst reichlich ernten.

Genuss ohne Reue – Probleme vermeiden

Damit sie blühen, brauchen Wasserpflanzen und vor allem Seerosen genügend Licht, aber nur in Maßen, denn sonst heizt sich die Wassertemperatur allzu kräftig auf und der Sauerstoffgehalt des Wassers sinkt dramatisch.

Fische und Pflanzen, die kühleres Wasser bevorzugen, kommen dabei leicht in Atemnot. Ideal ist ein höherer Baum, der um die Mittagszeit Schatten wirft oder ein halbschattiger Standort. Seerosen brauchen mindestens fünf bis sechs Stunden Sonne pro Tag, um Knospen zu bilden.

Was sagt der Vermieter?

Um Miniteiche aufzustellen, braucht man zwar keine Baugenehmigung, aber eine Abklärung mit dem Vermieter ist doch angebracht. Sind die Gefäße auf Balkonen oder Terrassen zu schwer oder erreichen sie als Gruppe aufgestellt ein zu hohes Gesamtgewicht, kann die Statik gefährdet sein. Immerhin tritt dieser Fall selten ein, denn das Gewicht von mehreren Personen

◀ Werden beim Bau grobe Fehler vermieden, erfordert die bunte Wasserpflanzenidylle erstaunlich wenig Pflege. Die Natur hilft sich selbst.

ist beim Bau schon einkalkuliert. Informieren Sie sich bei Eigentumswohnungen, ob deren Satzung das Einverständnis der Mitbewohner erforderlich macht (zum Beispiel bei fest installierten oder gemauerten Minitei-

chen). Gegen mögliche Wasserschäden durch Überlaufen oder undichte Gefäße kann man sich versichern.

Kindersichere Wasserspiele und Teiche

Die meisten der gezeigten Beispiele können Sie unbesorgt installieren, denn der Wasservorrat und die Technik sind unzugänglich und mit einer Ab-

Bachlauf und Quelle in einem üppigen Staudenbeet. Das plätschernde Wasser reichert sich mit viel Sauerstoff an, was der Teich-Biologie gut bekommt.

Eine kaum sichtbare Sicherung ist das Abdecken der Oberfläche mit engmaschigen Baustoffmatten. Wichtig: Fest verankern oder mit Steinen unterbauen.

deckplatte verborgen unter den Mühlsteinbrunnen, Quellsteinen oder japanischen Wasserspielen installiert.

Wasserbecken und Fertigteiche haben jedoch in den leicht zugänglichen Vorgärten nichts zu suchen, denn für Kleinkinder können schon Pfützen gefährlich werden. Stehen sie an anderer Stelle, kann man die Gefahrenquelle durch Auffüllen mit schönen Kieseln entschärfen oder dicht unter der Wasseroberfläche ein tragfähiges Baustahlgitter mit engen Maschen anbringen (gibt es fertig zu kaufen). Die Pflanzen wachsen hindurch, so dass man das Gitter kaum sieht. Sind die Kinder groß, kann man die Steine oder das Gitter wieder entfernen.

Hilfe, der Teich läuft aus!

Es passiert selten, dass die Teichfolie durch unachtsames Umgehen mit spitzen Gegenständen (Spaten, Grabschaufel, kein Rechen oder Laubbesen aus Metall, sondern nur aus Kunststoff) oder durch das Durchtreten eines spitzen Steins verletzt wird. Hierfür gibt es **Reparatursets,** die bei PVC-Folie wie beim Reparieren eines Fahrradschlauchs eingesetzt werden:

- Das Loch finden, gründlich von Schmutz säubern. und mit Sandpaier aufrauen.
- Einen passenden Flicken aus Folie zuschneiden. Auch die schadhafte Folie aufrauen.

- Beiderseits Quellschweißmittel auftragen und einige Minuten antrocknen lassen.
- Beide Teile für 10 Minuten fest zusammendrücken (mit Sandsack oder Stein beschweren).
- Kleine Löcher kann man auf ähnliche Weise auch bei Fertigteichen mit Silikon flicken.

Damit der Teich kein Wasser verliert

Verliert der Teich ständig Wasser, ist der Rand falsch gestaltet. Führen Sie den Folienrand immer senkrecht nach oben. Den Rand nie mit Erde überdecken, sonst bildet der umgebende Boden eine Brücke und saugt wie ein Docht ständig Wasser aus dem Teich. Erst nachdem alle Gestaltungsarbeiten beendet sind, wird die Folie etwa 1 cm über Erdniveau und damit fast unsichtbar abgeschnitten. So bleibt das Wasser im Teich. Wurde die Folie dagegen in die Erde geleitet, entsteht leicht eine Verbindung und das Wasser wird langsam ins umliegende Erdreich gesogen (Kapillarwirkung).

Blanke Teichränder müssen nicht sein

Blanke, hässliche Folien- oder Fertigteichränder kann man mit

Silikon oder Quellschweißmittel bestreichen und dicht mit Sand bestreuen. Natürlicher sehen sie auch aus, wenn man eine Böschungsmatte aus Jute darüber legt und im Erdreich verankert. Man kann das umweltfreundliche Gewebe mit Erde oder Torf füllen und mit Pfennigkraut bepflanzen. Schon kurz danach ist vom Untergrund nichts mehr zu sehen.

Blanke Folienränder müssen nicht sein. Böschungstaschen aus Jute lassen die Pflanzen den Rand überwuchern.

Fische sind reizvoll, aber in sehr kleinen Gefäßen problematisch. Vermeiden Sie zu viel Sonne (sonst wird der Sauerstoff knapp) und füttern Sie wenig.

Fische – ja oder nein?

Fische zu beobachten macht Spaß, doch sie schaffen oder vergrößern auch die Probleme im Miniteich. Ihre Exkremente und Reste vom Futter erhöhen den Nährstoffgehalt im Wasser und bieten der Algenentwicklung damit beste Voraussetzungen. Erwärmt sich im Sommer das Wasser zu stark, wird ihnen schnell der lebensnotwendige Sauerstoff knapp. Und wo sollen sie frostfrei überwintern? Im Kelleraquarium, zusätzlich zu anderen Fischen, wird es bald zu eng. Weil ihr Anblick und die Bewegungen Freude machen, liebäugeln viele dennoch mit der Fischhaltung im Miniteich. Verzichten Sie darauf, mehrere Arten zu halten und beschränken Sie sich auf eine Art. Je kleiner die Fische, desto mehr kann man unterbringen. Um den Lebensraum eines Fisches abzuschätzen, multipliziert man die Länge des Fisches mit 5 und erhält dann benötigte Wassermenge, zum Beispiel 10 cm x 5 = 50 Liter.

Schon daraus ergibt sich, dass ein Miniteich nur wenigen Gold-

Fadenalgen im Gefäß treten bei zu viel Nährstoffangebot auf, lassen sich aber leicht entfernen.

fischen, Goldorfen oder Kardinalfischen ein Auskommen bietet. Gestalten Sie ihnen ein Versteck aus Steinen und vergessen Sie die Unterwasserpflanzen nicht, denn sie liefern stetig Sauerstoff und Schwimmblattpflanzen bremsen die Erwärmung.

Was tun gegen Algen?

Viele Biotope haben im Sommer mit Algen zu kämpfen, doch nicht alle Arten dieses Stickstoff-Verbrauchers sind wirklich problematisch. Vollständig entfernen lassen sie sich als Teil des natürlichen Recyclingsprzesses ohnehin nicht.

Schon bald nach der Neuanlage trübt sich das Wasser, wird unansehnlich, Befürchtungen werden wach. Sie sind unbegründet, denn die anfängliche Vermehrung der winzigen **Grün-algen** verschwindet, sobald die vorhandenen Nährstoffe aufgebraucht sind und das Wasser klärt sich wieder. Ebenso sind **Mückenlarven** keine Gefahr, denn in zunächst klarem, sauberem Wasser können sie sich nicht ernähren und gehen ein. Unangenehmer sind die dunkelgrünen **Fadenalgen.** Sie wuchern schon ab Ende März, bedecken im Sommer mitunter in dicken Teppichen die Oberfläche und ersticken andere Wasserpflanzen. Kurzfristig hilft das Herausfischen mit der Hand, bei größeren Becken ein Kescher oder Kunststoff-Laubbesen. Wer langsam und vorsichtig daran zieht, kann mitunter das ganze Netz der Algenpflanze an Land ziehen. Langfristig gilt es, den *Kalkgehalt* abzusenken. Überprüfen Sie den **pH-Wert** (preisgünstige Test-Sets gibt es im Fachhandel) und senken Sie notfalls den Kalkgehalt durch brockigen Schwarztorf, der in Netzen in den Teich gehängt wird. 1 Beutel reicht für ca. 5000 Liter Wasser.

Ein zu reiches **Nährstoffangebot** (Phosphor und Stickstoff) kann man senken durch Auskleidung des Teich- oder Bachbodens mit Zeolith, einem porösen, natürlichen Mineral, das stickstoffzehrenden Bakterien ideal als Behausung dient (wird auch als regenerierbares Filtermaterial gebraucht).

Verzicht auf **Fischhaltung**, Entfernen der **Pflanzenreste** im Herbst, **Laubschutzgitter** und Verzicht auf **Düngen** der Wasserpflanzen sind weitere Maßnahmen.

Sorgen Sie für **kühleres Wasser** durch **weniger Sonne** und mehr **Beschattung,** zum Beispiel durch Schwimmpflanzen wie Wasserhyazinthen, Froschbiss, Wassernuss und Wassersalat.

Kaulquappen, Wasserflöhe (Daphnien) und die runden **Posthornschnecken** ernähren sich von **Algen.**

Konkurrenz erhalten Algen durch **Unterwasserpflanzen** wie Krebsschere, Wasserpest, Wasserfeder, Hornkraut und Tausendblatt.

Nicht zu vergessen sind **Trockenbakterien,** die wie ein Kompoststarter auf natürlichem Wege die Nährstoffreduzierung beschleunigen.

Sofortige Wirkung erzielt man durch algenbekämpfende Teichpflegemittel. Innerhalb von ein bis zwei Wochen sterben die Algen (und nur sie) ab. Das schafft erst einmal Luft, löst aber nicht die Ursachen. Abgestorbene Algen sinken nämlich zu Boden und damit ist das Übermaß an Nährstoffen erneut im Teich.

Was tun gegen Schädlinge?

Zerfressene Blätter mit vielen unregelmäßigen Löchern sind das Werk des **Seerosen-Käfers.** Man findet die rosa Larven an der Blattunterseite. Auch der **Seerosenzünsler** (eine Motte) schadet oft stark durch gebuchtet ausgeschnittenen Lochfraß. Man kann die Blätter abwischen und die Larven oder Raupen entfernen. Spitzschlammschnecken können jungen Pflanzen gefährlich werden.

Wasserlandschaft im Winter. Wichtig: Wasserleitung abstellen und Gefäße entleeren.

Alle lassen sich nur durch Absammeln oder indirekt über ein reiches Leben im Teich mit Kaulquappen und Libellenlarven bekämpfen.

Der Miniteich im Winter

Kommt der Winter, müssen alle nicht frostbeständigen Pflanzen wie Wasserhyazinthe, Wassersalat, Papyrus, Zypergras, Wasserähre oder tropische Seerosen in ein **frostfreies Quartier** gebracht werden. Ist nicht genug Platz vorhanden, kann man sie dichtgedrängt in wasserdichten Balkonkästen platzieren und bei 10–12 ° C an einem hellen Platz aufstellen.

Auch **Pumpen** werden abgehängt, entleert, gereinigt und frostfrei aufbewahrt. Damit die Dichtungsringe nicht austrocknen, bringt man Pumpem in einem wassergefüllten Eimer unter.

Die **heimischen Sumpf- und Wasserpflanzen** bereiten keine Probleme, denn sie sind winterhart.

Schneiden Sie die Stängel von **Gräsern** und **Stauden** erst im Frühjahr bodengleich ab, denn in ihnen finden manche Insekten Schutz. Hier findet auch bei

Frost ein langsamer Gasaustausch statt, giftiges Methangas, durch Rotteprozesse im Wasser entstanden, kann entweichen und frischer Sauerstoff dringt ein. Außerdem bieten die filigranen Reste des Sommerflors mit ihren Samen Nahrung für die Vögel und sehen bei Schnee, Raureif und Eis dekorativ aus. Achten Sie auf die **Gefäße,** denn nur solche aus Metall sind frostbeständig. Holz- und Kunststoffkübel sollten schräge Wände haben, dann bieten sie dem **Eisdruck** keinen Widerstand. Keramikgefäße kann man entweder entleeren und 30 cm dick mit Laub abdecken oder sicherheitshalber in ein helles frostfreies Winterquartier holen.

auf einen blick

- Wasserspiele, Quellen und Bachläufe sind in der Regel kindersicher. Kleine Teiche können zur Gefahr werden, deshalb sind Teichabdeckungen sinnvoll, bis die Kinder größer sind.
- Trübes Wasser kurz nach dem Befüllen von Gefäßen und Teichen ist ganz natürlich. Bereits nach 2-3 Wochen haben Grünalgen alle Nährstoffe verbraucht und das Wasser wird klar.

Bezugsquellen und Adressen

Material und Technik

Re-natur GmbH
Charles Ross-Weg 24
24601 Ruhwinkel
Internet:re-natur.de

Gardena GmbH
Licht- und Gartentechnik
Hans-Lorenser-Str. 40
89079 Ulm
Internet: www.gardena. com

Heissner GmbH
Gartentechnik
36336 Lauterbach
Internet: www.heissner.de

Holzum GmbH
Teichzubehör, Versand
Empeler Straße 91
46459 Rees .
Internet: www.holzum.de

natura-gart
Riesenbecker Str. 63
49479 Ibbenbüren
Internet: www.naturagart.de

Rottenecker Ambiente GmbH
Bronze-Wasserspiele
77749 Hohberg
Internet www. rottenecker.de

Schleitzers Erlebnisgarten
Enterstr. 23
80999 München-Allach
Internet: www. schleitzer.de

Ubbink GmbH
Teichtechnik
Postfach 2454
46374 Bocholt
Internet:
www.ubbinkgarden.com

Söll GmbH
Teichpflegemittel
Bei den Friedenseichen 19
95158 Kirchenlamitz
Internet: www.soelltec.de

Ernst Meier AG
Garten-Center, Gartengestaltung
Florastr. 12
CH-8630 Tann-Rüti

Pflanzen und Zubehör

Dehner
Gartencenter-Zentrale
86640 Rain/Lech
Internet: www.dehner.de

Hans-J. Wachter
Wasserpflanzen
ollbarg 24
25482 Appen-Etz

Hans-Jürgen Petrowski
Wasserpflanzen
Aschauteiche
29348 Eschede

H. Bollerhey
Wasserpflanzen
H. Eichenberger Str. 19 a
I. 34233 Fuldatal-Rothwesten

Gärtnerei Gehrmann
Wasserpflanzen
Rübsamenwühl 22
67346 Speyer

Gärtner Pötschke
Versandgärtnerei, Ambiente
Beuthener Str. 4
41561 Kaarst
Internet:
www.gaertner-poetschke.de

Erich Maier
Moorpflanzen
Hansell 155
48341 Altenberge

Dietrich Gaissmayer
Staudengärtnerei
Jungviehweide 3
892567 Illertissen
Internet:
www.staudengaissmeayer.de

Stichwortverzeichnis

Bildnachweis:

GBA/Nichols: 29r
Pforr: 34o, 34u, 35o, 36u, 37, 38u,
39u, 45ul
Reinhard: 8ol, 8u, 9o, 10u, 11o, 26o,
28r, 30, 32, 36o, 38ol, 39o, 50u, 52r,
58, 80o, 89o, 91
Ruckszio: 40, 76
Sammer: 55, 59
Stein: 2/3, 10o, 10m, 11u, 12l, 12r, 13,
14, 15, 16, 19o, 19u, 20, 21u, 21o, 23,
24, 25, 26u, 27o, 29l, 33, 35u, 38or,
42u, 43u, 46, 47, 48o, 51, 52l, 53,
54o, 54ul, 54ur, 56, 57r, 61u, 77, 78,
83o, 83u, 84, 85, 87, 88, 89u
Strauß: 1, 40, 4u, 5, 6, 7, 8or, 9u, 17,
18o, 18u, 22, 27u, 28l, 31, 41, 42o,
43o, 45o, 45ur, 48u, 49, 50o, 57l, 60,
61ol, 61m, 61or, 62, 75, 80u, 86, 90

Grafiken: Heidi Janiček

**Bibliografische Information
Der Deutschen Bibliothek**

Die Deutsche Bibliothek verzeichnet
diese Publikation in der Deutschen
Nationalbibliografie; detaillierte bibliografische Daten sind im Internet über
http.//dnb.ddb.de abrufbar.

BLV Verlagsgesellschaft mbH München Wien Zürich

80797 München

© 2003 BLV Verlagsgesellschaft mbH,
München

Umschlaggestaltung:
Studio Schübel, München

Umschlagfotos: Borstell (Vorderseite
oben), Strauß (Vorderseite unten)
Ruckszio (Rückseite)

Layoutkonzept Innenteil:
Studio Schübel, München

Lektorat: Eva Ott
Herstellung: Hermann Maxant

Layout und DTP: Anton Walter und
Christian Walter, Gundelfingen
Reproduktionen:
Repro Ludwig, A-Zell am See

Gedruckt auf chlorfrei gebleichtem
Papier

Printed in Germany ·
ISBN 3-405-16357-9

Gartengestaltung – ganz einfach

**Christiane Widmayr/
Anneliese Kompatscher**
Kinder und Gärten
Gartenspaß für Kinder: die besten Ideen zum Spielen, Bauen, Austoben, Entdecken, Feiern, Basteln, Kochen; Baumhäuser und andere Unterschlupfe, Sandplätze, Wasserrutschen, Schaukeln usw.; Tiere beobachten, Basteleien rund ums Jahr, Pflanzen und Ernten – mit Rezepten.

blv garten plus
Wolfram Franke
Gartenteiche
Gestaltungsbeispiele für Teiche und Bäche, Planung und Anlage Schritt-für-Schritt, Pflanzen und Tiere im und am Wasser, Teichpflege.

Friedrich Strauß/Tanja Ratsch
Terrassen-Träume
Gestalten mit Kübelpflanzen
Schöner Wohnen im Freien: Terrassengestaltungen rund ums Jahr für verschiedene Stile und Themen; die besten Pflanzen für Topf und Kübel im Porträt; Pflanzen, Pflegen, Überwintern, Gefäße, Accessoires.

Garten-Rezepte
Siegfried Stein
Gartenteiche
12 Gestaltungsideen zum Nachmachen: Terrassengarten mit Bach, fernöstlicher Teich, tropisches Wasserparadies, Fertigteich, Sitzplatz am Wasser, Bachlauf, Schwimmteich u.v.m.

Helga Urban/Thomas Hagen
Garten easy –
Ganz ohne Erfahrung
zum prächtigen Grün
Für Einsteiger ohne Vorkenntnisse: schöne Gärten easy anlegen und gestalten; Gartenpraxis für Anfänger: Pflanzen, Pflegen, Schneiden, Pflanzenschutz und vieles mehr; die besten Einsteiger-Pflanzen mit Pflegetipps.

Tobias Gold/Martina Bäumler
Lazy – So leicht kann
Gärtnern sein
Genießen statt schwitzen – schöne Gärten mit wenig Aufwand: einfache Gestaltungsideen auch für Anfänger, pflegeleichte Pflanzen, die wichtigsten Gartenarbeiten Schritt für Schritt, Feste feiern im Garten.

---

*Im BLV Verlag finden Sie
Bücher zu den Themen:*
Garten und Zimmerpflanzen • Natur • Heimtiere • Jagd und Angeln • Pferde und Reiten • Sport und Fitness • Wandern und Alpinismus • Essen und Trinken

Ausführliche Informationen erhalten Sie bei:
**BLV Verlagsgesellschaft mbH • Postfach 40 03 20 • 80703 München
Tel. 089/12705-0 • Fax 089/12705-543 • http://www.blv.de**